150人のお金持ちから聞いた

一生困らない お金の習慣

加谷珪一

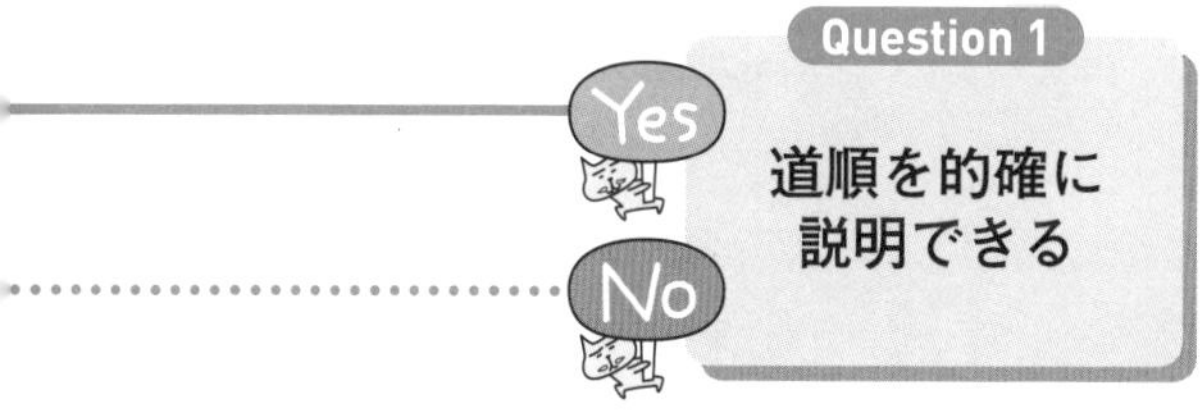

CCCメディアハウス

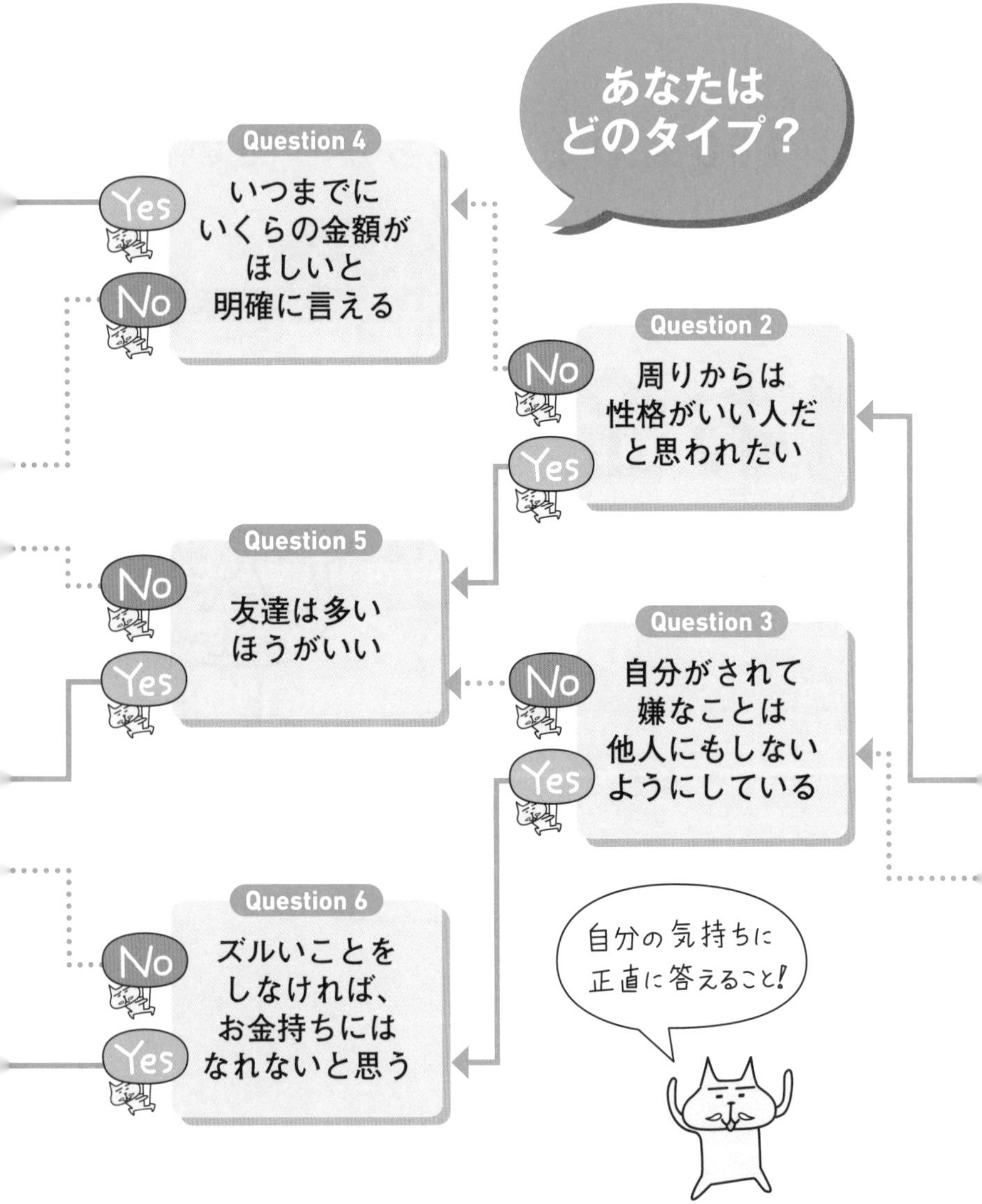

あなたは
どのタイプ？
Question 2
周りからは
性格がいい人だ
と思われたい
No
Yes
Question 3
自分がされて
嫌なことは
他人にもしない
ようにしている
No
Yes
Question 4
いつまでに
いくらの金額が
ほしいと
明確に言える
Yes
No
Question 5
友達は多い
ほうがいい
No
Yes
Question 6
ズルいことを
しなければ、
お金持ちには
なれないと思う
No
Yes
自分の気持ちに
正直に答えること！

診断結果は14ページをCHECK！

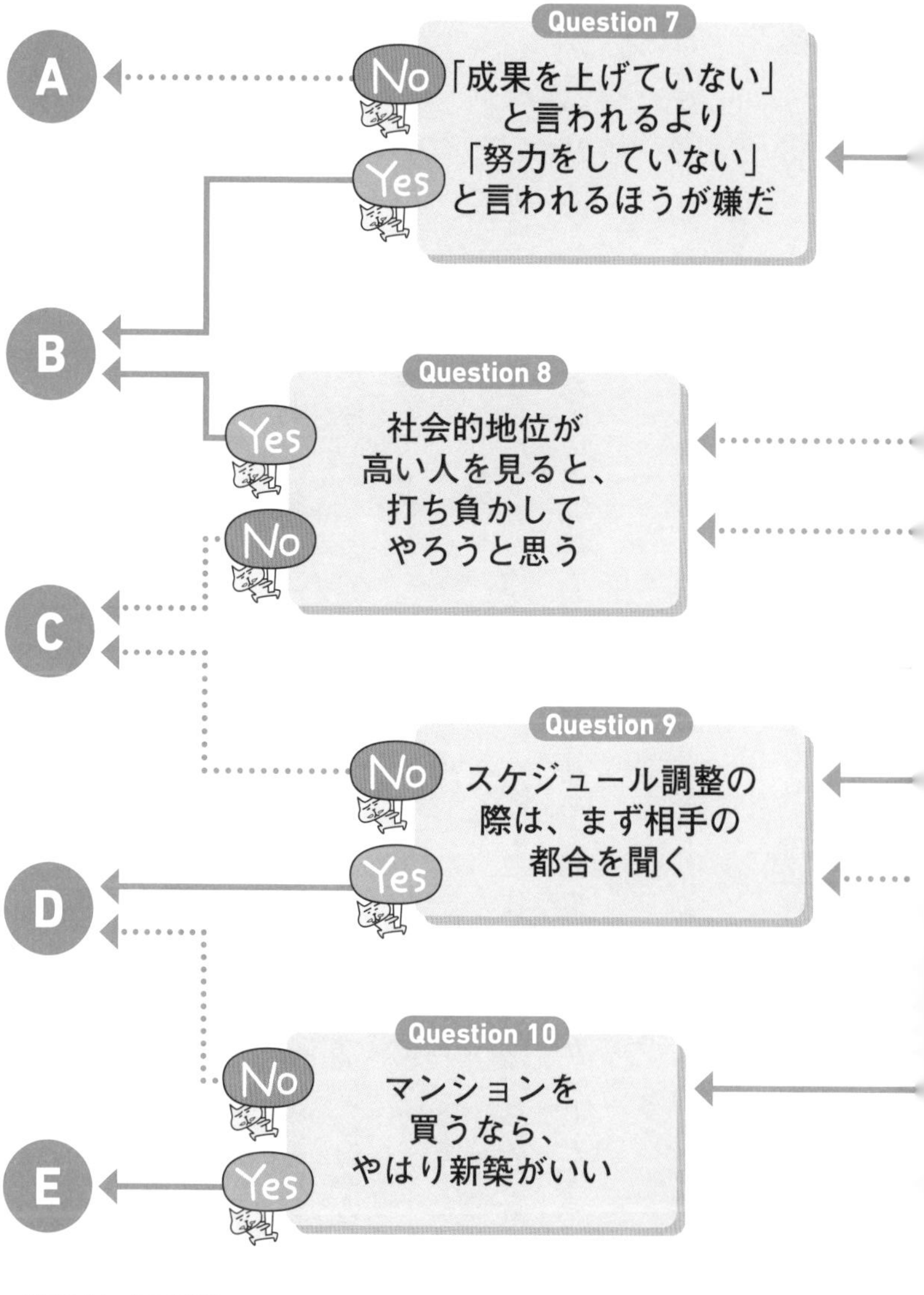
Question 7
「成果を上げていない」と言われるより「努力をしていない」と言われるほうが嫌だ
No
Yes
A
B
Question 8
社会的地位が高い人を見ると、打ち負かしてやろうと思う
Yes
No
C
Question 9
スケジュール調整の際は、まず相手の都合を聞く
No
Yes
D
Question 10
マンションを買うなら、やはり新築がいい
No
Yes
E

はじめに

本書は、書籍『お金持ちの教科書』の図解版として書き上げたものである。

筆者の現在の本業は経済評論家だが、かつて経営コンサルティングに従事した経験があり、企業のオーナー経営者を中心に多くの富裕層に接してきた。また、自身も事業と投資で成功し、いわゆる富裕層の仲間入りを果たすことができた。現在では、億単位の資産を株式投資で運用する個人投資家でもある。

『お金持ちの教科書』はこうした筆者の経験をもとに、**約150人のお金持ちから筆者がヒアリングした内容をもとに執筆した、お金持ちの実像を明らかにした本である。**

筆者は独立して事業を行うにあたり、どうせやるなら絶対に成功させたいと考え、これまでに出会ったお金持ちの行動を徹底的に分析してみた。

残念ながら、こうすればお金持ちになれるという100％確実な方法は見つからなかったが、**お金持ちの人たちに特有の思考パターンや行動原理というものが存在することは分かってきた。**

こうした行動原理をうまく応用することができれば、ごく普通の人でもそれなりに成功することができるかもしれない。そう考え、実際に自分でも試してみたわけである。結果は十分すぎるほどで、大資産家というわけにはいかなかったが、十分満足のいく成果を上げることができた。

おかげさまで『お金持ちの教科書』は好評をいただき、何度も刷りを重ねることができたが、一方で、もっとシンプルで分かりやすい解説が欲しいという読者の方からの要望も多数いただいた。本書はこうした声にお応えし、『お金持ちの教科書』のエッセンスを抜き出し、図版を組み合わせて再構成したものである。

世の中にはお金持ちになるための情報が溢れているが、お金持ちの実像やお金持ちになるための方法を客観的に記したものは少ない。その理由は、こういった書籍の書き手が偏っていることが大きく影響している。

お金持ち本の代表格といえば、億万長者本人が自分の体験や主義を披露するタイプの書籍である。こうした個性的な資産家の話は、ストーリーとしては大変面白いのだが、ほとんど役に立たない。一種の天才である彼らの行動をそのまま真似しても、うまくいくはずがないからだ。

一方で、税理士やFP（ファイナンシャルプランナー）らによる解説本も目につく。彼らはお金の管理の専門家なので、保険や投資信託といった金融商品の基本的な内容を知ったり、お金の管理についてのコツを知ったりする上では、重要な情報を提供してくれる。その範囲にとどまる内容ならよいのだが、なかにはお金持ちになるためのノウハウを披露しているものも見受けられる。ところが、そのほとんどはリアリティがない。なぜなら、**彼らはお金を管理する方法を勉強した人たちであって、彼ら自身はお金持ちではないからだ。**

筆者はこれまでに多くのお金持ちに接し、彼らの話を聞いてきた。また自分自身にも、お金に関する多少の経験値がある。ある程度はお金持ちの本音を引き出し、その実情やノウハウを客観化することができたのではないかと自負している。

日本は特にそうなのだが、皆がお金に関心があるにもかかわらず、その話は社会的タブーになっていたりする。お金にまつわる話は多くが矛盾に満ちている。お金持ちの実態やお金持ちになるコツといった現実的な話に加えて、こうしたお金が持つ本質的な謎についても感じていただければ幸いである。

お金持ちは、人とは違った行動を取ることが多く、それゆえにビジネスや投資で成功している。こうした彼等の言動は他人から理解されず、場合によっては反感を買ったりもする。

しかし、お金持ちになった人のすべてが天才的な人物というわけではない。ここが重要なポイントである。

つまり、お金持ちになるために、天才的な能力は必須というわけではないが、人と同じ行動をしていては絶対にダメなのである。

本書に登場するお金持ちについても、読者の中には、うまく理解できなかったり、反発を覚えたりする人がいるかもしれない。しかしお金持ちの人たちがこうした行動を取る背景にはちゃんとした理由がある。ひとくちにお金持ちといっても、性格はさまざまである。だがお金持ちは総じて合理的だ。

好き嫌いは一旦横に置き、お金持ちがなぜこのような合理的な振る舞いをするのか、じっくりと考えてみて欲しい。その中には、我々凡人がお金持ちになるための重要なヒントが隠されているはずである。

加谷珪一

一生困らない お金の習慣◉目次

第4章 どうすればお金持ちになれるのか？

第5章 こんな行動でお金は逃げていく

最終章 小金持ちでもいいから、なんとかしたい人へ

まんが／門川洋子　イラスト／細谷順平
編集協力／黒坂真由子　校正／円水社
本文デザイン・DTP／朝日メディアインターナショナル
カバーデザイン／小口翔平＋加瀬梓（tobufune）

A 完璧な「お金持ち脳」

あなたは完璧なお金持ち脳になっています。仮に今、お金持ちになっていなかったとしても、正しいやり方で努力を怠らなければ、かなりの確率でそれなりのお金を稼げるはずです。

本書を読んでいただければ、あなたの考え方が、多くのお金持ちの人たちと共通であることが再確認できると思います。今、お金を持っていなくても何も心配する必要はありません。このまま堂々と自分の人生を歩んでください。

B そこそこの「お金持ち脳」

あなたは、そこそこのお金持ち脳を持っているようです。しかし、どこかでまだ自分を甘やかしたいという気持ちを捨てきれずにいるのかもしれません。この弱さを断ち切ることができれば、完璧なお金持ち脳に移行できるはずです。

お金持ちの人たちの「強さ」を知るために、ぜひ本書を読んでみてください。十分な素質を持っているわけですから、焦る必要はありません。じっくりと心のステップアップをしてください。

C 普通の人

あなたは常識的なごく普通の人だと思われます。これまでの人生においても、礼儀をわきまえ、きちんと努力を重ねてきたはずです。しかし、お金持ちになるためには、それだけではまだ少し足りないのです。お金に関するちょっとした誤解や思い込みがチャンスを妨げているのかもしれません。

それらを取り払うためには、実際にお金持ちになった人たちから学ぶのがいちばんの近道です。本書を最後までしっかり読みましょう。

D 「お金持ち脳」としてはもう少し

あなたはお金持ち脳としては、もう少しという状況です。お金に対してきちんと向き合わなければと思っていても、ついつい後回しになったりしていませんか？　単なる偶然でお金持ちになる人もいますが、お金持ちの人がお金を持っていることにはそれなりの理由があります。

まずは本書を読んで、お金持ちの人がどのように物事を考え、どのように行動するのかを知ってください。お金持ちの人たちの考え方を理解することから始めてみましょう。

E 残念！

残念ですが、あなたはまだお金持ちになる準備ができていません。というよりも、お金持ちになることをあえて避けているのかもしれません。もしかすると、お金持ちを目指していながら、結果としてお金持ちになれなかったら自分は敗北者だ、などと思ったりしていませんか？　あるいは、他人の目がとても気になっていませんか？

本書を読めば、お金持ちになることは、人と争うことではなく、自分自身との対話であることが理解できると思います。この本をきっかけに、もう一度、自身の生き方について考えてみてはいかがでしょうか？

第 1 章

お金持ちって どんな人？

1 そもそもお金持ちって？

皆さんは「お金持ち」と言うと、どんなイメージを持つだろうか？　会社の社長さん？　ブランド物で身を固めてベンツやフェラーリを乗り回す人？　それとも豪華なディナーやため息が出るようなパーティだろうか？

一方で、「本当のお金持ちは地味で慎ましい」という話もよく聞く。代々続く資産家の家は、上品だが質素な身なりをしていて、決してお金を持っていることを鼻にかけないらしい。また、こんな会話もよく耳にする。「××の旦那さんは上場企業の役員なんだって。やっぱり上流階級のお金持ちは違うわよね」

一体どんな人が、本当のお金持ちなのだろうか。

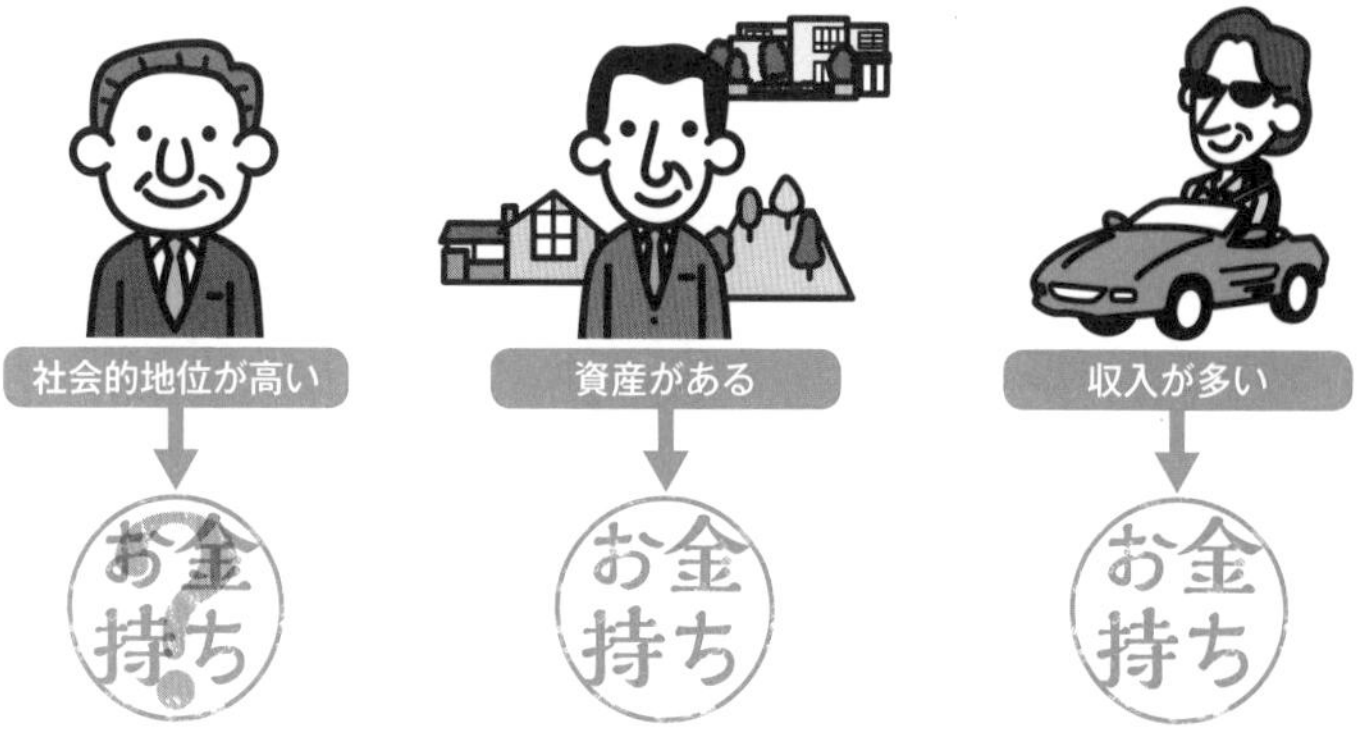

同じお金持ちでも、資産家と高給取りは違う

実は、世の中のほとんどの人が、お金持ちのことをよく理解していない。最大の間違いが、

・「毎年の収入が多いこと」
・「資産をたくさん持っていること」
・「社会的地位が高いこと」

を混同していることだ。

フェラーリに乗っているちょいワル風のオヤジは、年収は高額かもしれないが、その裏には多額の借金があるかもしれない。一方、代々の土地持ち一家は、資産の額は莫大であっても、年収は普通のサラリーマン

と変わらないかもしれない。

では、フェラーリオヤジと土地持ち一家では、どちらがお金持ちだろうか？　答えは、どちらもお金持ちである。ただし重要なことは、フェラーリオヤジは資産家ではないが、土地持ち一家は資産家だということ。少し難しい話をすると、フローとストックの違いなのだ（このあたりは追って説明する）。

つまり、フロー（毎年の収入）が極めて大きい人、もしくはストック（持っている資産）が極めて大きい人のことを、世の中ではお金持ちと呼んでいる。だから、例にあげた2人はどちらもお金持ちだ。


一方、収入や資産が多いことと、会社での地位は必ずしも一致するわけではない。大企業の部長や役員であっても、日本企業の場合、1年間の収入は大した額ではない。大企業のお偉いさんは、社会的な地位が高いことは間違いないが、お金持ちなのかどうかは、それだけでは判断できないのだ。

わかりやすい例が、「ユニクロ」を展開するファーストリテイリング会長兼社長の柳井正氏と、日本マクドナルド元会長の原田泳幸氏だ。2人の最大の違いは、柳井氏はハンパ

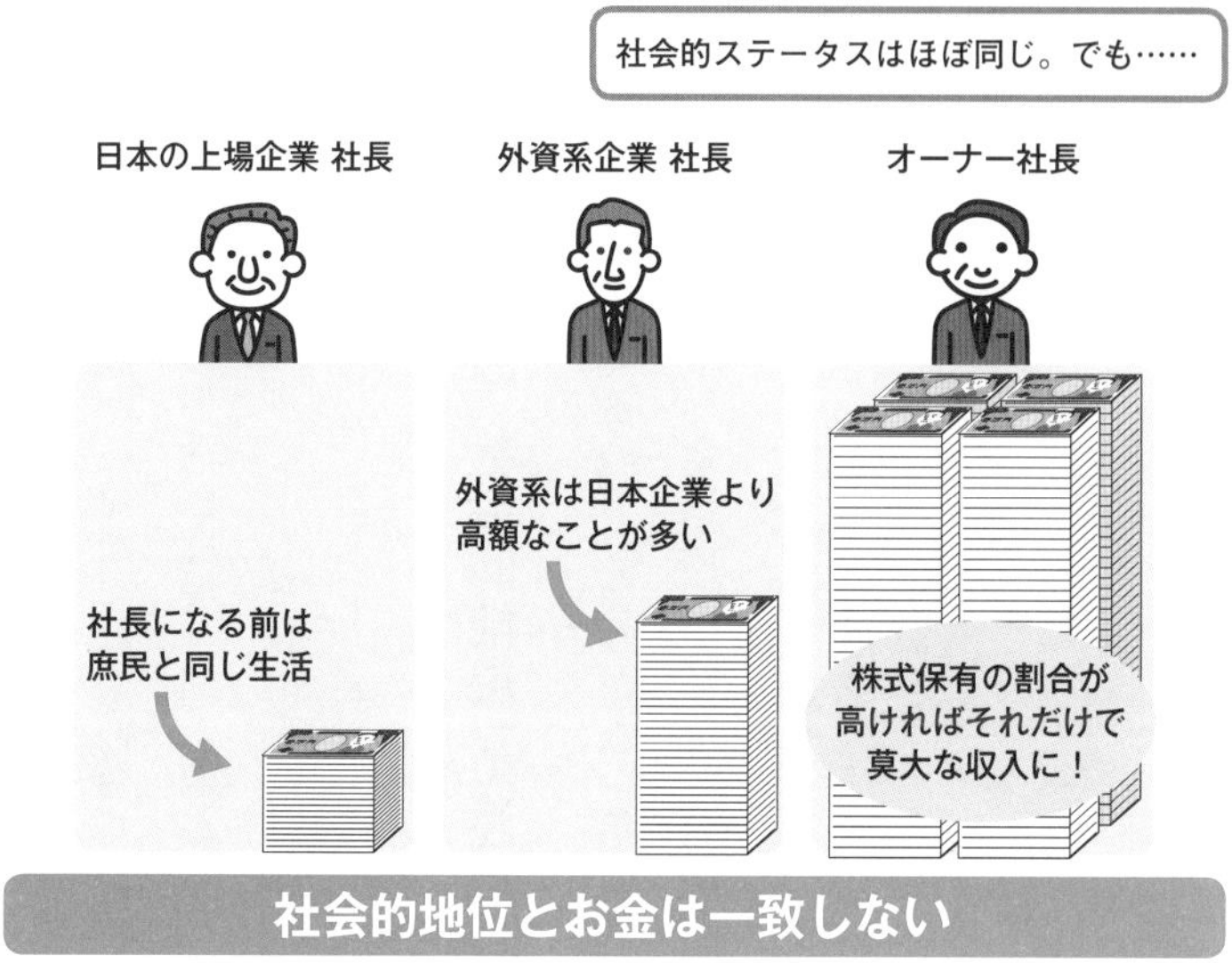
社会的ステータスはほぼ同じ。でも……
日本の上場企業 社長
外資系企業 社長
オーナー社長
社長になる前は
庶民と同じ生活
外資系は日本企業より
高額なことが多い
株式保有の割合が
高ければそれだけで
莫大な収入に！
社会的地位とお金は一致しない

ではない資産家であるということ。ファーストリテイリングは柳井氏自身がオーナーとなっており、株式の2割強を保有している。資産総額は4兆円を超える。柳井氏の役員報酬は億を超えているだろうが、株の配当だけで数十億円の収入があることを考えると、給料などタダ同然だ。

これに対して日本マクドナルドは、原田氏がオーナーだったわけではない。原田氏の年俸も庶民から見たらすごい額ではあったが、柳井氏と比べると、特別お金持ちというわけではない。原田氏は高給で雇われるプロの経営者なのだ。

さらに状況を複雑にしているのが、い

わゆる社会的なステータスだ。日本の一般的な上場企業の社長の年収は、数千万円が標準的。たしかに庶民から見たらお金持ちだが、ちょっと前まではふつうの給料だったことを考えれば、彼らの生活は庶民と何も変わらない。

三者の生活レベルは、あまりにもかけ離れている。だが社会的地位という意味では、皆同じなのである。

「年収」「資産」「社会的地位」に注目して考える

お金持ちと思える人に出会ったら、年収が高い人なのか、資産を持っている人なのか、地位が高いだけでお金は持っていないのか、このあたりに注意を払ってみると、いろいろなことがわかってくるはずである。

2 あの人はお金持ちなのになぜ貧乏そうなのか？

かなりの資産家のはずなのに、お世辞にも高級とは言えない服（いや、実際にはかなり貧乏くさい服）を着て、スーパーの安売りに並んでいるというタイプのお金持ちも存在している。

この人たちはどのような人種なのだろうか？　このようなタイプのお金持ちはズバリ、以下の２つの人種に集約される。

①主な資産が土地で活用できない
②貯金が目的となっている

貯金が目的だから

資産が土地で活用できない！

日本のお金持ちの資産は土地に偏っている

日本のお金持ちたちの資産は、土地に大きく偏っているのが特徴だ。土地は都心の一等地なら高値で売れるだろうが、そうでないところの土地は、そうそう簡単に売却できるものではない。

また日本は、東京などの都市部にほとんどすべての機能が集中しているので、土地をたくさん持っていても、それを活用してお金を稼ぐことは実は結構難しい。アパート経営が関の山だ。

しかも、日本の相続税はかなり重い（最大55％）ので、孫の代になると相続税を払うために土地をすべて手放すはめになる。資産のほとんどが土地というお金持ちは、資産を持っていてもそれで十分に稼ぐことができないの

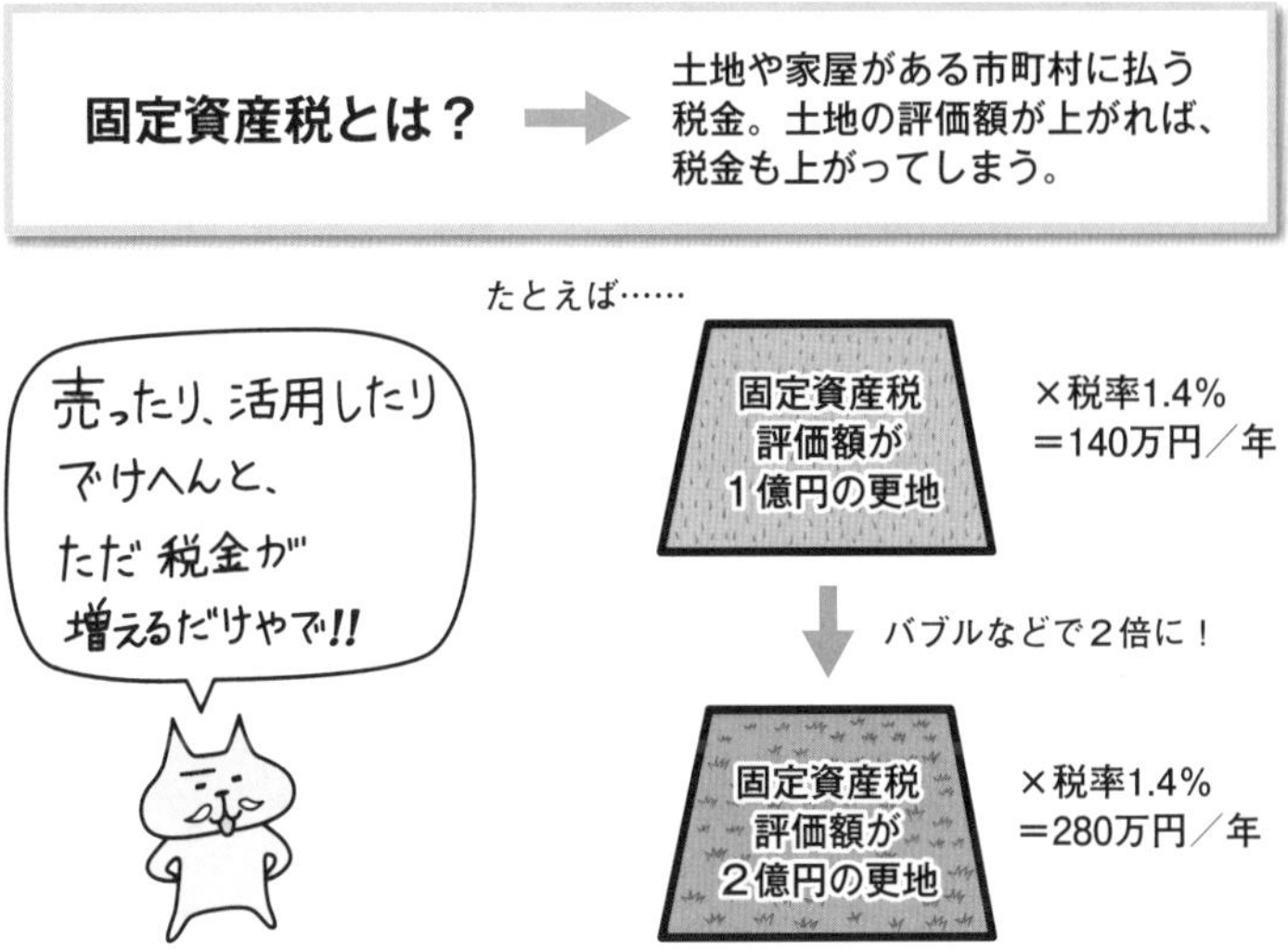
固定資産税とは？
土地や家屋がある市町村に払う税金。土地の評価額が上がれば、税金も上がってしまう。
たとえば……
売ったり、活用したりでけへんと、ただ税金が増えるだけやで!!
固定資産税評価額が１億円の更地
×税率1.4%＝140万円／年
バブルなどで２倍に！
固定資産税評価額が２億円の更地
×税率1.4%＝280万円／年

である。

　これが欧米のように資産の多くが金融資産になっていれば、株に投資したり、会社に出資したりと、いろいろな運用方法があり、資産からお金を生み出すことができる。だが、有効活用しにくい土地しかない資産家は、そこから得られる収入は小さく、固定資産税を支払ってしまうとほとんど残らない、という状況が十分にあり得るのだ。

　そうなると望むと望まざるとにかかわらず、質素な生活をしないと赤字になってしまう。スーパーの安売りに並ぶはめになるわけだ。

お金を貯めること自体が、目的になっている

お金を貯めることが自己目的化しているお金持ちも、その原因の多くは不動産絡みだ。

埼玉県に住むR子さんは、現在75歳。旦那さんはすでに亡くなっていて、現在は一人暮らし。R子さんの家は、旦那さんが親から相続した土地に30年前に建てた。他に相続した小さな土地を売って資金を得たため、ローンを組むことなく土地と家を手に入れることができた。

夫婦は両方とも公務員（教師）だったため給料も安定しており、退職金も2人分。年金も厚生年金や国民年金と比べると手厚い。しかも2人の子供たちは小学校から公立で、大学は国立大学に通ったので、学費も比較的かからなかった。つまり、2人分の稼ぎのほとんどが可処分所得だったのである。

だが、R子さん夫婦は老後が心配と、外食や海外旅行もせず、一生懸命貯金に励んでいた。このため、家を含めるとR子さんの資産は優に1億を超えることとなった。

R子さんは、多くの人がイメージする資産家とはほど遠い生活をしている。だが、まぎれもなく億単位の資産を持つ富裕層なのだ。

手厚い年金で、老後に土地を手放す必要がない

土地の所有者は高齢者に偏っている。高齢者は手厚い年金で生活が保障されており、土地を手放す必要がない。

首都圏の郊外でちょっとした土地を親から引き継いだ人であれば、見かけ上の資産が8000万円に達するケースは少なくない。本来そのような人は引退後は土地を売却し、貯金を取り崩しながら生活をするものだ。しかし今の日本の高齢者には、その必要がない。

こういった人たちの生活は庶民そのものだが、統計上は富裕層にカウントされるわけである。

3

土地を持っているお金持ちと、お金を持っているお金持ち

諸外国のお金持ちは、金額が同じでもその内容は大きく異なっている。資産のかなりの割合が金融資産で占められているのだ。金融資産は土地に比べて自由に運用することができるので、お金でお金を生み出すことができる。

たとえば1億円の資産がすべて金融資産であれば、3％の利回りで300万円もの年間収入となる。5％で回れば500万円である。本業からの収入に加えて300万円がプラスされるのだ。5年経てば1500万円である。諸外国のお金持ちは、こうしてどんどん資産を増やしていく。

一方、自宅の土地しか資産のない、日本の見かけ上のお金持ちは資産が増えることはない。

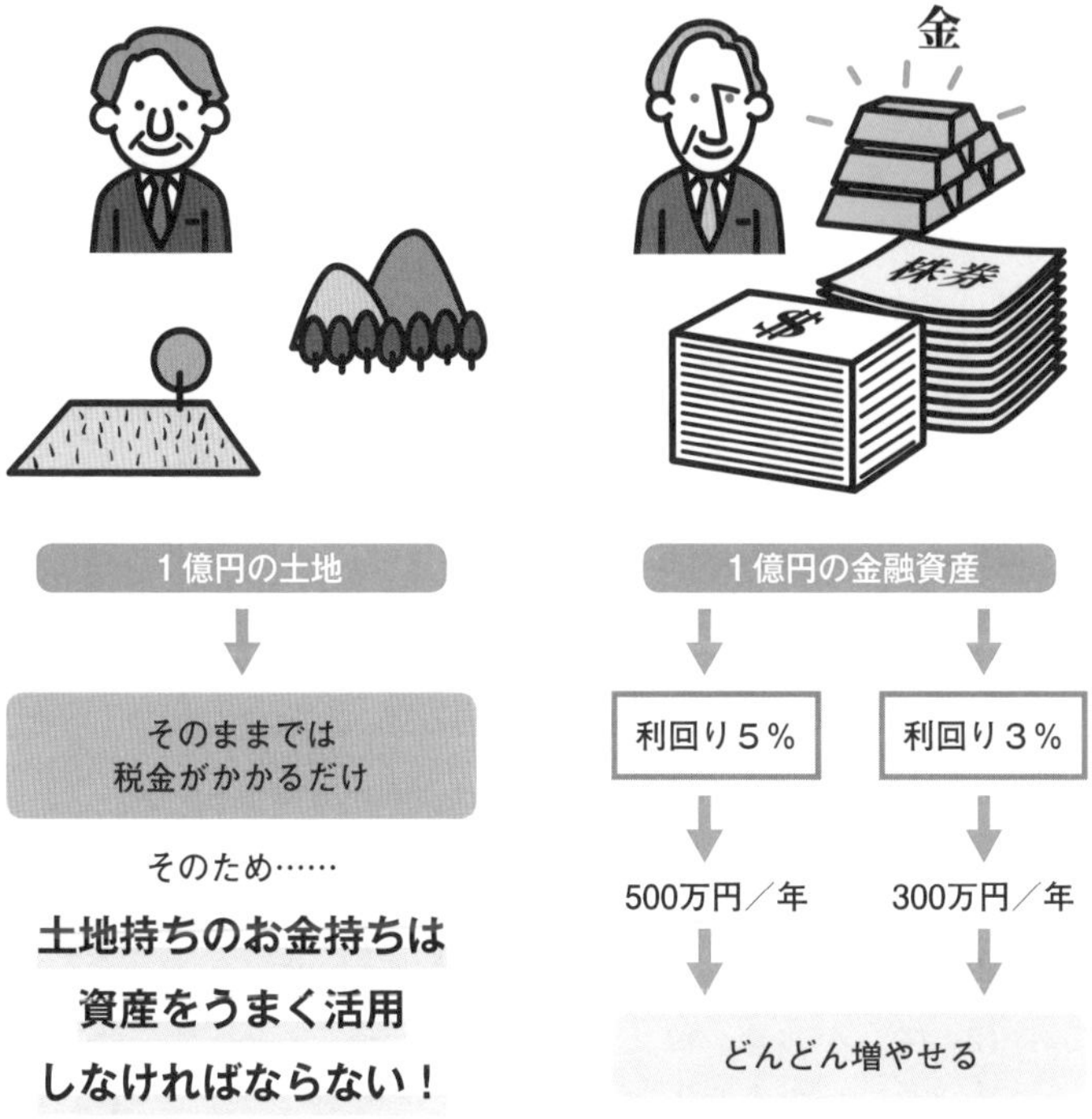
金
株券
$
1億円の土地
そのままでは
税金がかかるだけ
そのため……
土地持ちのお金持ちは
資産をうまく活用
しなければならない！
1億円の金融資産
利回り5％
利回り3％
500万円／年
300万円／年
どんどん増やせる

もっとも金融資産を多く持っていると、使い道の自由度が大きいだけに、お金を使い切ってしまうのも早い。特に浮き沈みが激しい事業でお金持ちになった人は、あっという間に事業がダメになり、無一文に戻ってしまうことも多い。

一方でなかなか転落しないお金持ちもいる。何が違うのだろうか？

ストックとフローに注目！

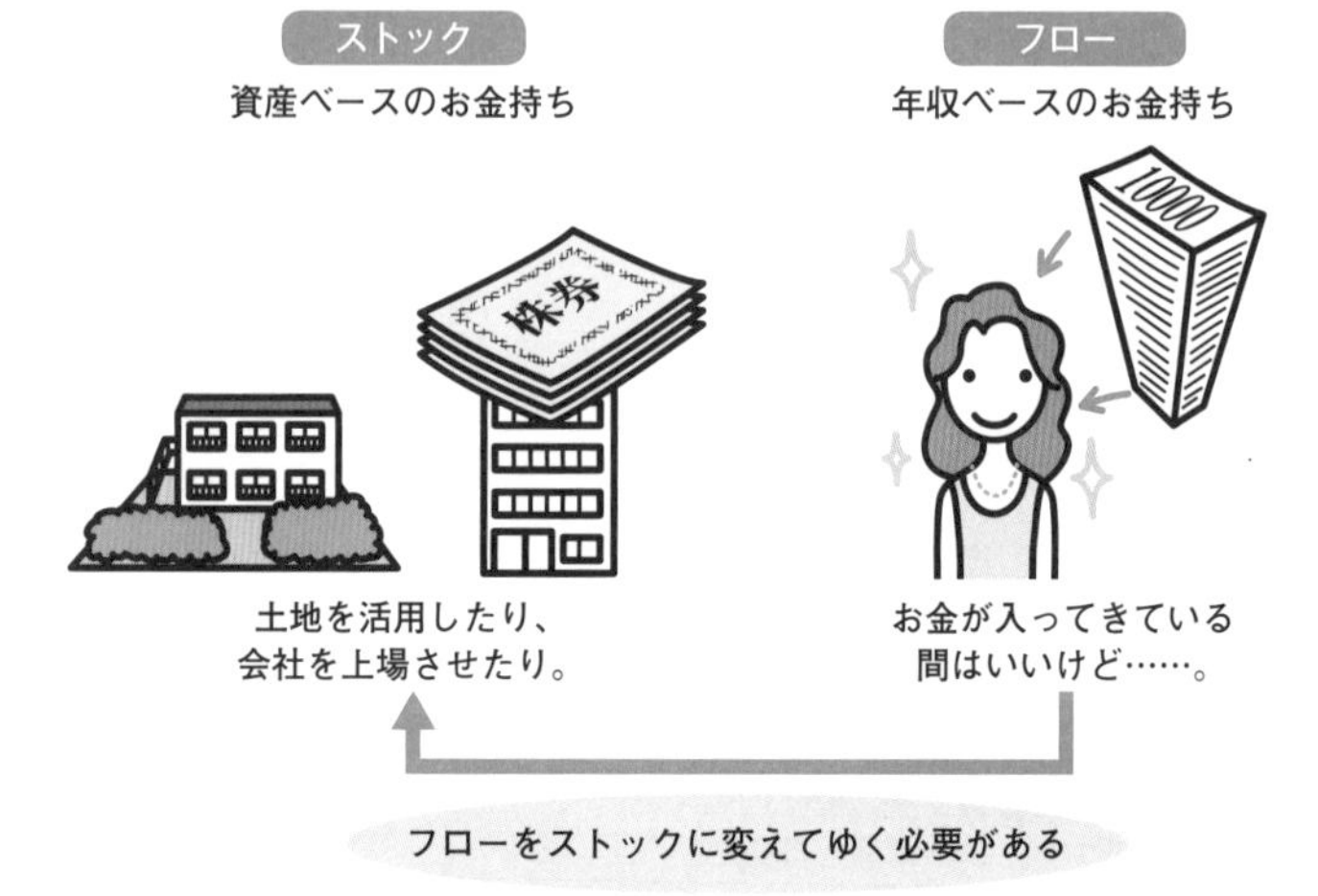
ストック
資産ベースのお金持ち
フロー
年収ベースのお金持ち
株券
10000
土地を活用したり、
会社を上場させたり。
お金が入ってきている
間はいいけど……。
フローをストックに変えてゆく必要がある

ストックとフローに注目しよう

すぐ転落するお金持ちに共通した項目は「フロー」でお金持ちになっていることである。フローとは、経済学の用語で毎年出入りするお金のこと。これに対して「ストック」は、その結果として貯まったお金のことを指す。

フローでお金持ちになるということは、物やサービスを売って利益を出し、その利益が大きくなることを意味している。単純に考えれば、年収がどんどん上がり5000万円や1億円になったと考えればよい。フローでの儲けは手っ取り早いが、ヒットしていた物やサービスが売れなくなれば、すぐに収入が減ってしまう。減った収入で支出をカバーできなければ即破産である。

これに対してストックで儲けている人は寿命が長い。不動産を運用したり、自分が経営する会社を上場させたりといった具合に、自分が持つ資産が値上がりすることで資産の規模を大きくしている人たちである。

ストックも経済状況を反映するので、未来永劫価値が持続するわけではない。リーマンショックのように一夜にして資産価格が暴落することもあるが、基本的には一度まとまった資産ができれば、そう簡単になくなることはない。ストックをベースに事業を行っているお金持ちは、転落するにしてもゆっくりとしたペースで転落していく。

以上から考えると、基本的にフローで稼いでいて、流行り廃りが激しく、資産に転換できない（自分自身が商品など）といった条件を満たしてしまうと、転落する確率が高くなる。この条件をすべて満たす典型例といえば、芸能人である。

4

お金持ちに本物も偽物もない

世の中の多くの人が「成金」を嫌っている。

たしかに、これ見よがしにブランド物を身に着け、高級車を乗り回して散財しているのを見て、気分がいい人はあまりいないだろう。だが、成金を嫌っている人の多くが、ひとたびお金持ちになると、やっぱり「成金」に変身するのもまた事実だ。

本物のお金持ち?

成金嫌いの反動だろうか、「本物のお金持ちは違うんだ!」という話もよく耳にする。それによれば、本物のお金持ちというのは、お金を持っていることをひけらかしたりせず、上品だが質素な服を着ているという。そして人の話をよく聞き、いつでもにこやかに振舞うのだという。

この話は本当なのか？　それともただの都市伝説なのか？

「お金持ちに本物も偽物もありませんよ」と笑うのは、お金持ちの生態をよく知るある信託銀行の銀行マン。彼によれば、お金を持っている人は、程度の差こそあれ、それなりに派手な消費をしているという。〝慎ましい生活を送る本物のお金持ち〟というのは、彼によれば「我々お金のない庶民が作り上げた、金持ちはこうあってほしいという願望」なのだそうだ。

ただし、上品なお金持ちがまったく存在しないかと言うと、そうではないという。このあたりの話が混乱するのは、お金をたくさん持っている資産家と代々続く旧家の話がごちゃまぜになっていることが原因のようだ。

代々続く旧家も、もともとは成金だった

地方都市に行くと、江戸時代から代々続く旧家というものがまだ存在している。その多くが、江戸時代に商家として財をなし、そのまま屋敷などを受け継いでいるというパターンだ。江戸時代までは身分制があったので、当時の教養エリートは士族階級と貴族階級。商人は今で言うところの成金だったわけだ。だが、士族や貴族の階級は明治維新でそのほとんどが没落してしまった。お金持ちとして残っているのは、事業を継続できた商人だけということになる。

お金持ちになってから何世代も経ていくと、当初成金だった商人一族も、だんだんと教養を身につけるようになってくる。

また一部の士族や貴族のなかには、何とか屋敷を維持して現在まで存続している家もある。この人たちは、総じて身なりや振る舞いが上品だ。「上品なお金持ち」のイメージは、おそらくこの人たちが形作っているものと思われる。

日本では三代以上にわたって資産を相続するのは困難

日本の相続税の制度では、三世代を過ぎると資産はほとんどなくなってしまうと言われる。そのため、代々続く由緒ある旧家は、家として存続はしているものの、現実にはその多くが資産家とはほど遠い状態になっている。

お金持ちだったが、没落してしまった人たちは、質素な生活しかできないところを逆手に取り、「本当のお金持ちとは上品で質素なものである」というアピールをしている。「本当のお金持ちは上品で質素なものである」という元お金持ちたちの主張に、成金嫌いの私たちはつい惹かれてしまうのだろう。

「本当のお金持ちは違うんだ」という話は、このようにして形成されてきた可能性が高い。やはり〝本当のお金持ちは上品で質素〟というのは、一種の都市伝説なのかもしれない。

「お金持ちは成金だ」と知ってしまったことはがっかりかもしれないが、これは皆にチャンスがあるという意味でもある。由緒ある家柄でなければお金持ちになれないのであれば、ほとんどの人にはチャンスがない。だがお金持ちはみな成金だと思えば、気持ちも楽になるではないか。

5 お金持ちはどこに住んでいるのか？

お金持ちが多く住むと言われている街がある。東京では港区の麻布、高輪などがそうだ。郊外にいくと、世田谷あたりにも高級住宅地と呼ばれるところが多い。お金持ちは実際に、どのようなところに住んでいるのだろうか？

高級住宅地に共通するキーワードは「高台」

たしかに、東京都港区の麻布や高輪近辺は街の雰囲気がずいぶんと違う。特に麻布は別格で、大きな邸宅や低層の超高級マンションが立ち並ぶ。大使館も多い。

このほか、港区では白金台、渋谷区では松濤、代官山町、千代田区では番町、世田谷区では成城、奥沢、深沢などがある。

これらの高級住宅地には共通する条件がある。それは高台にあること。東京はビルや高架が多すぎてわかりにくいのだが、実は坂が極めて多く、高台と窪地が連続する地形である。そのなかで高級住宅地と呼ばれるエリアは、ほとんどが高台に位置している。

東京は地質学的には、その大部分が武蔵野台地と呼ばれる岩盤の上にあり、川や海で侵食された部分は窪地となり砂が堆積している。一方、侵食されずに岩盤のまま残ったところは高台になっている。窪地は地震でも大雨でも被害を受けやすい。一方高台は地盤が強固で、浸水の心配がなく、風通しもよい。

高台がリッチの証明になっているから、高級住宅の名前に「ヒルズ」と名が付くのである。

高台がリッチの印になったのは、明治以降

だが、リッチな人が高いところに住むという習慣は、実は明治以降のものである。

そもそも江戸時代には、東京は皇居（江戸城）よりも東側しか発展しておらず、高台が多い西側は「田舎」とされていた。有力な武家の多くは江戸城の近くに居を構え、坂を上らなければならない高台は地位の高い人が日常的に住む場所とは考えていなかったようで

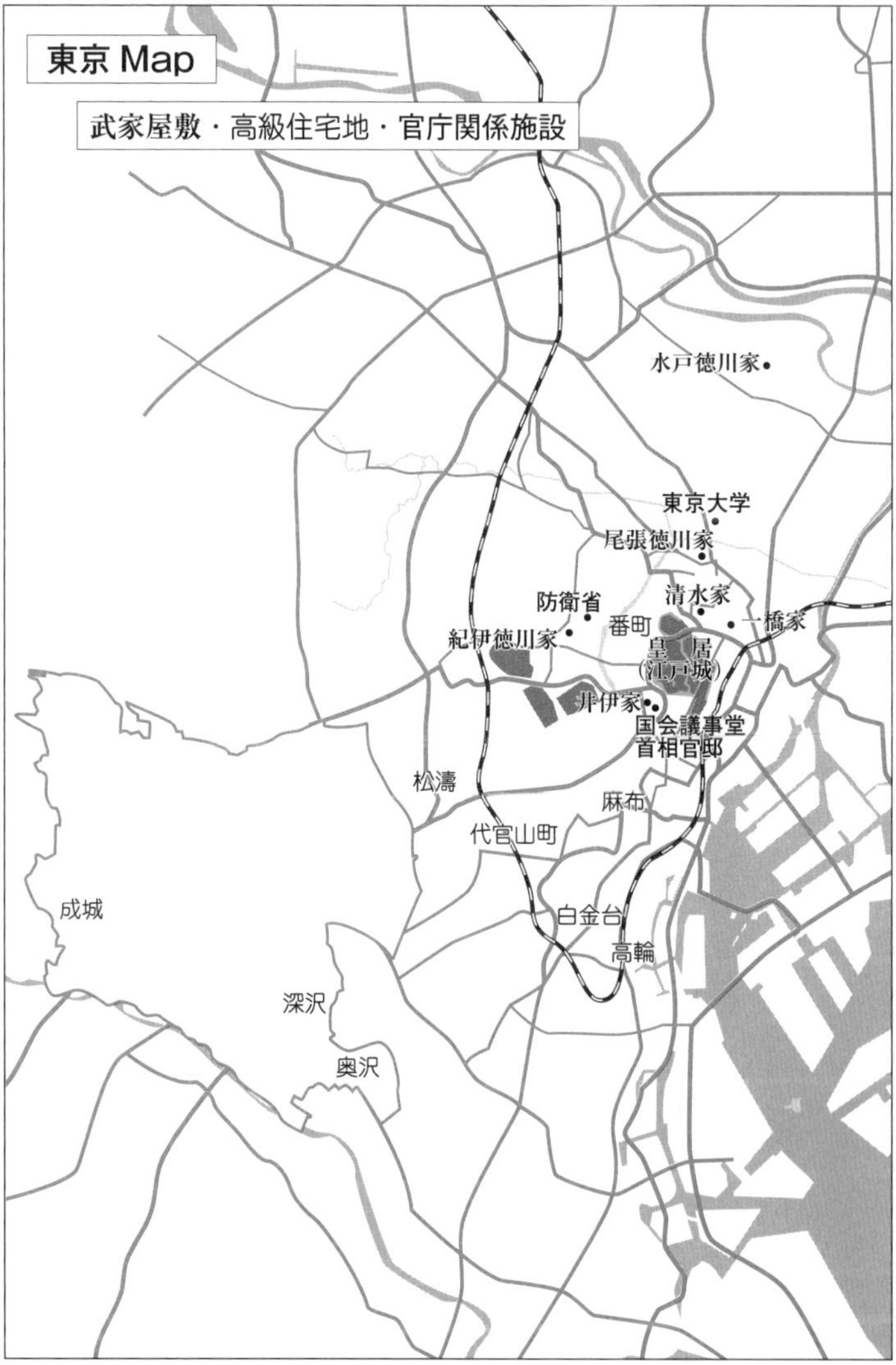
東京 Map
武家屋敷・高級住宅地・官庁関係施設
水戸徳川家
東京大学
尾張徳川家
清水家
防衛省
番町
一橋家
紀伊徳川家
皇居
(江戸城)
井伊家
国会議事堂
首相官邸
松濤
麻布
代官山町
成城
白金台
高輪
深沢
奥沢

ある。

この概念をひっくり返したのが、明治維新による西洋文化の流入である。西洋では高台に住むことはリッチであることの証と考える人が多い。移動には自動車を使わなければならないので、必然的にお金持ちしか住めないという考え方である。明治以降にこの考え方が普及し、東京は山が多い西側が急速に発展し、高級住宅地が造成された。

高台のお金持ちよりも、さらに強烈に高台を目指した人たちがいる。明治政府とその関係者（薩摩や長州の田舎から出てきた武士たち）を中心とする当時の権力者である。国会議事堂や首相官邸は山のてっぺんに位置しているし、東京大学は本郷の高台、陸軍（現在の防衛省）は市ヶ谷の山に陣取っている。都内で条件のよい高台がほぼすべて官庁関係の施設や大学などで占められているのはそのためだ。

6 タワマンに住む人はお金持ちではない？

最近はタワーマンション・ブームだが、先にも触れたように、東京の「一等地」の高台には多くの先住者がいる状態。したがって、新しい高級マンションの多くが、これまではあまり高級とは言われていなかった低地や海沿いに建てられている。

タワマン居住者は破産者予備軍!?

一部ではタワーマンションはお金持ちの象徴とされているようだが、現実はだいぶ違うようだ。タワマン居住者は、新たな破産者予備軍とも言われているのである。

東京圏ではタワーマンションは大きく3種類に分類される。

・都心に建てられた高級物件

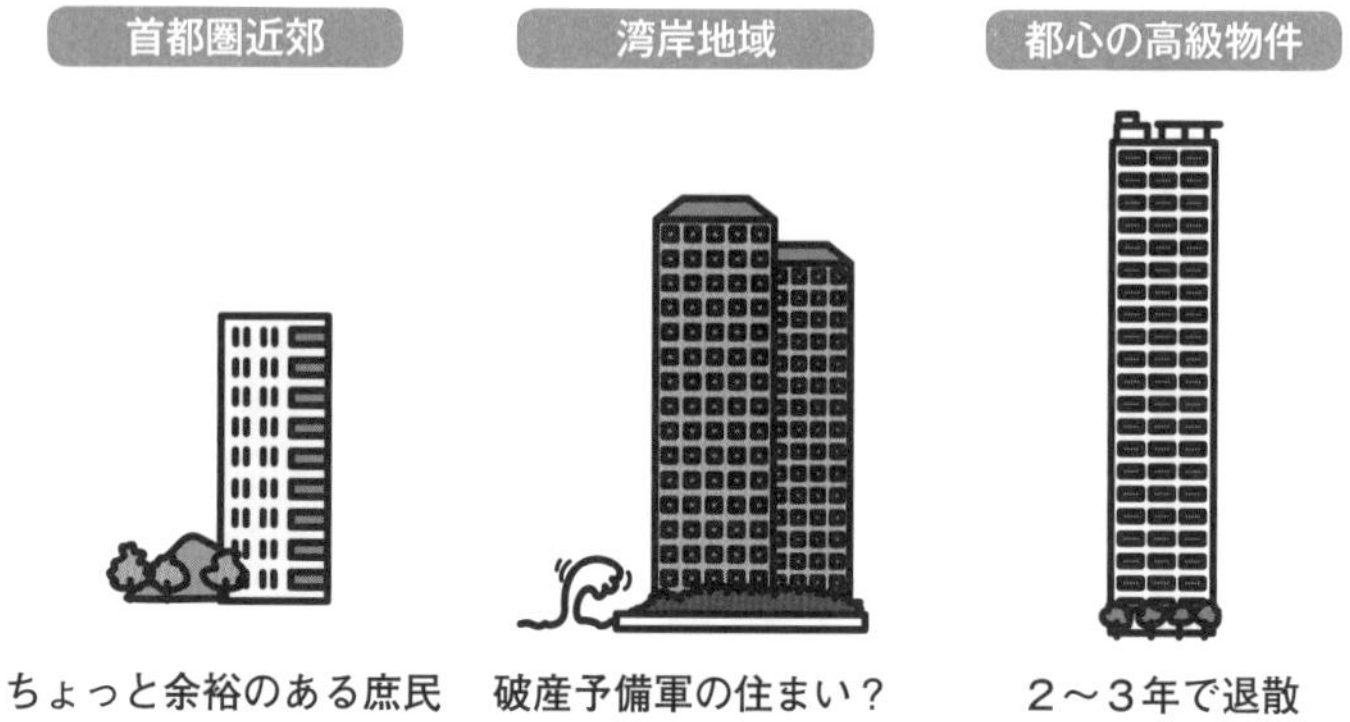
首都圏近郊
湾岸地域
都心の高級物件
ちょっと余裕のある庶民
破産予備軍の住まい？
２～３年で退散

・湾岸地域の物件
・首都圏近郊の物件

都心部の超高級物件を購入する層は明らかに富裕層である。地方の富裕層がセカンドハウスとして購入するケースも多い。一方湾岸エリアのタワーマンションを購入する層の中心は、富裕層ではなく大手企業のサラリーマン層が多いと言われている。

湾岸部のタワーマンションを購入しているのは、一昔前であれば世田谷区など郊外エリアに好んでマンションを購入していた層なのだ。彼らの年収は１０００万円前後。富裕層には程遠いが、中小企業のサラリーマンなどから見たら高給取りだ。しかも妻の多くが専業主婦であり、いわゆる「昭和妻」タイプが多い。

昭和妻とは雑誌『ＡＥＲＡ』が名づけたもので、一流

可処分所得とは？ → 給与やボーナスなどの所得から税金や社会保険料などを引いて残ったお金。つまり使えるお金。

年収1,000万円の可処分所得 ： **約700万円**

700万円 － 5,000万円のマンションの住宅ローン ：約210万円 ＝ **約490万円**

＊金利1.6%、30年で計算

年収600万円の可処分所得 ： **約450万円**

ムリなローンを組んだだけで、
可処分所得は大幅にダウン！
これに高級車や私立の学費が加われば、
あっという間に家計は火の車に！

企業に勤める旦那さんを持ち、専業主婦、そして「マイホーム」「消費」「子供の教育」に血道を上げる昭和的価値観を持った女性ということらしい。

彼らは富裕層への憧れが強く、食材も高級スーパーで購入したり、外車に乗ったりしている。だが実際の年収は１０００万円程度しかなく、可処分所得で比較すると、典型的な中間層である年収６００万円台の人と大して変わりない。しかも、年収600万円でも夫婦で共働きだと、収入は逆転されてしまう。

タワーマンションは幻想の住まい

年収1000万円の専業主婦家庭が5000万円のマンションをローンで購入するのは、かなりキツい。少し贅沢な消費をしたり、子供の教育費がかさんでしまうと、たちまちお金がなくなってしまう。この状態で旦那さんがリストラされてしまうと、一気にローンが返せなくなり破産してしまう、というわけである。最近、突然経営危機に陥る大手企業が続出していることで、この懸念が現実のものとなりつつあるというわけだ。

一方、都心の超高級物件には富裕層が住んでいる。お金持ちは上り詰めるのも早いが凋落も早い。高級賃貸物件では2年から3年で住人がすべて入れ替わるとさえ言われている。その意味で、タワーマンションは幻想の住まいなのだ。

7 働かずに生活できるのは、資産1億円

保有している資産の額が、その人がお金持ちかどうかを決める最大の要素となる。では、どの程度の資産を持っていれば、「お金持ち」と呼ばれるのだろうか？

資産1億円が入り口、3億円がお金持ち

金融機関や富裕層向けビジネス関係者の間では、富裕層とそうでない人のひとつの分かれ目は、純金融資産を1億円以上保有しているかどうかだと言われる。

働かずに何とか生活できるギリギリの水準が1億円だからという部分が大きいと思われる。1億円の金融資産を運用すれば、どのような時代でも3・5％程度の利回りは何とか確保できる。1億円の3・5％は350万円。たしかに自力で生活できるギリギリのラインと言えるだろう。逆に言うと、1億円の金融資産があれば、働かなくても何とかやって

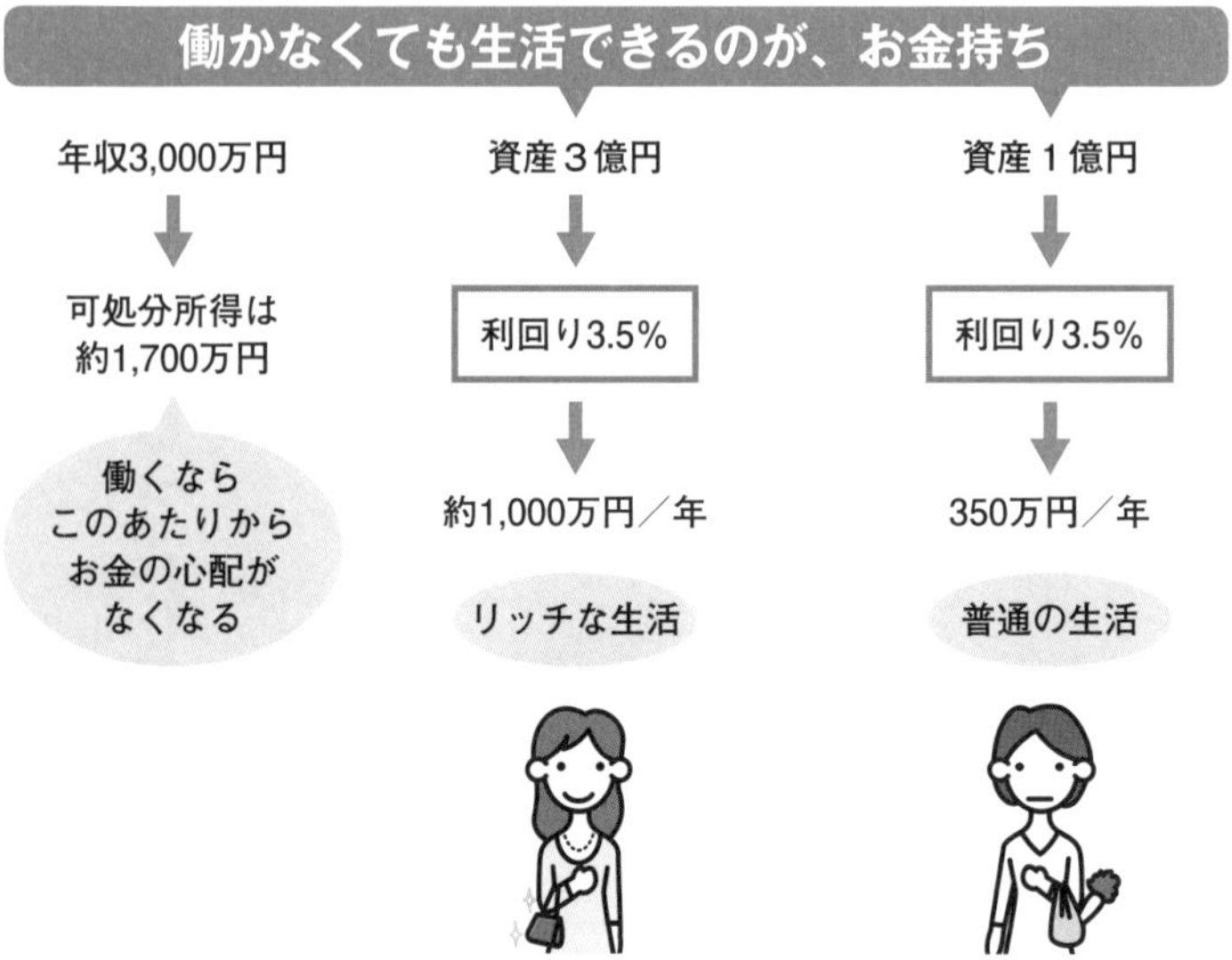
働かなくても生活できるのが、お金持ち
年収3,000万円
可処分所得は
約1,700万円
働くなら
このあたりから
お金の心配が
なくなる
資産３億円
利回り3.5%
約1,000万円／年
リッチな生活
資産１億円
利回り3.5%
350万円／年
普通の生活

いける、ということを意味している。

働かなくても余裕で生活するには、年収１０００万円くらいはほしい。そうなると、３・５%の利回りで考えると約３億円の資産となる。

年収なら3000万円が基準

一方、年収ベースでお金持ちを考えた場合、境目となるのは３０００万円である。年収が３０００万円を超えると、お金の心配をほとんどしなくなると言われ、生活水準も大きく変化する。だが、２０００万円クラスの人の多くは１０００万円の人と大して違わない。

まとめると、お金持ちとそうでない人

3.5％で運用→175万円/年
↑これでは生活できないので、
税理士やファイナンシャルプランナー(FP)は
5000万円を取り崩すしかありません
税理士
FP
としか言わないんです
ほぅほぅ
なんですのん？
先生、相談が…
Eさん 50代
ローンなし もうすぐ定年
4000万円を相続し、貯金とあわせて5000万円になりました
これを取り崩さずに運用したいんです
人間、5000万円くらいから「資産を守る」というマインドがつくられるんや。
Eさん、それこそがお金持ちの心やで。
がんばりや〜〜〜
いらっしゃいませ こんばんは!!
深夜バイトなんて、きっと生活苦しいんだな…
税理士やFPはしょせん貧乏人や!!
お金持ちの気持ちなんて分からへんねん!!
働き!!
ビシッ
どんなつらい仕事も、年金でるまでやらなあかん!!
私もそう思ってました!!
ピシッ

を分けるおおよその分岐点は、資産ベースでは3億円、年収ベースでは３０００万円ということになる。

お金持ちの入り口は1億円だが、５０００万円くらいから人の思考回路は変化し始めるようである。

8 年収1000万円はお金持ちではない

イメージしやすいリッチな生活の基準と言うと、やはり年収1000万円ではないだろうか？　だが年収1000万円は決してお金持ちとは言えない。実は年収1500万円までは、年収500万円の人と基本的な生活スタイルは変わらないことが多い。収入が絶たれてしまうと生活が成り立たなくなるという意味においても条件は同じだ。

これが3000万円を超えると、生活のレベルが変わる。たとえばレストランの話題でも、「行った」という話ではなく、レストランのオーナーになっていたりする。生活の質が根本的に変わるというのは、こういうことを指すのだ。

年収1000万円の人が一番キツい

実は、年収1000万円の人の家計は、収入が低い人よりもずっと苦しいというのであ

エンゲル係数とは？ ➡ 家計の消費支出総額に占める食費の割合。平均20～25％前後。数値が高いほど貧しいとされる。

エンゲル係数（％）
＝食費÷消費支出×100

1カ月で使ったお金
（社会保険料・ローン・保険・貯金を除く）

つまり、使えるお金の多くを食費にまわさんとあかん。っちゅうこっちゃ

る。

ある経済誌が組んだ富裕層の特集で紹介された、年収１０００万円のプチ（ニセ？）富裕層の悲惨な日常生活によると、年収１０００万円の人は、４００万～６００万円の人に比べて富裕層への憧れが強く、過剰な消費に走っているというのだ。年収１０００万円世帯のエンゲル係数が、４００万円世帯よりも高いというデータも明らかにされている。

特に40代で大企業に勤め、妻は専業主婦というパターンが一番危ないそうだ。このタイプの家庭の必須アイテムは、海外製ベビーカー、高級鍋、ウォーターサーバー、こだわり家電など。これらが積み重なると相当な出費となる。

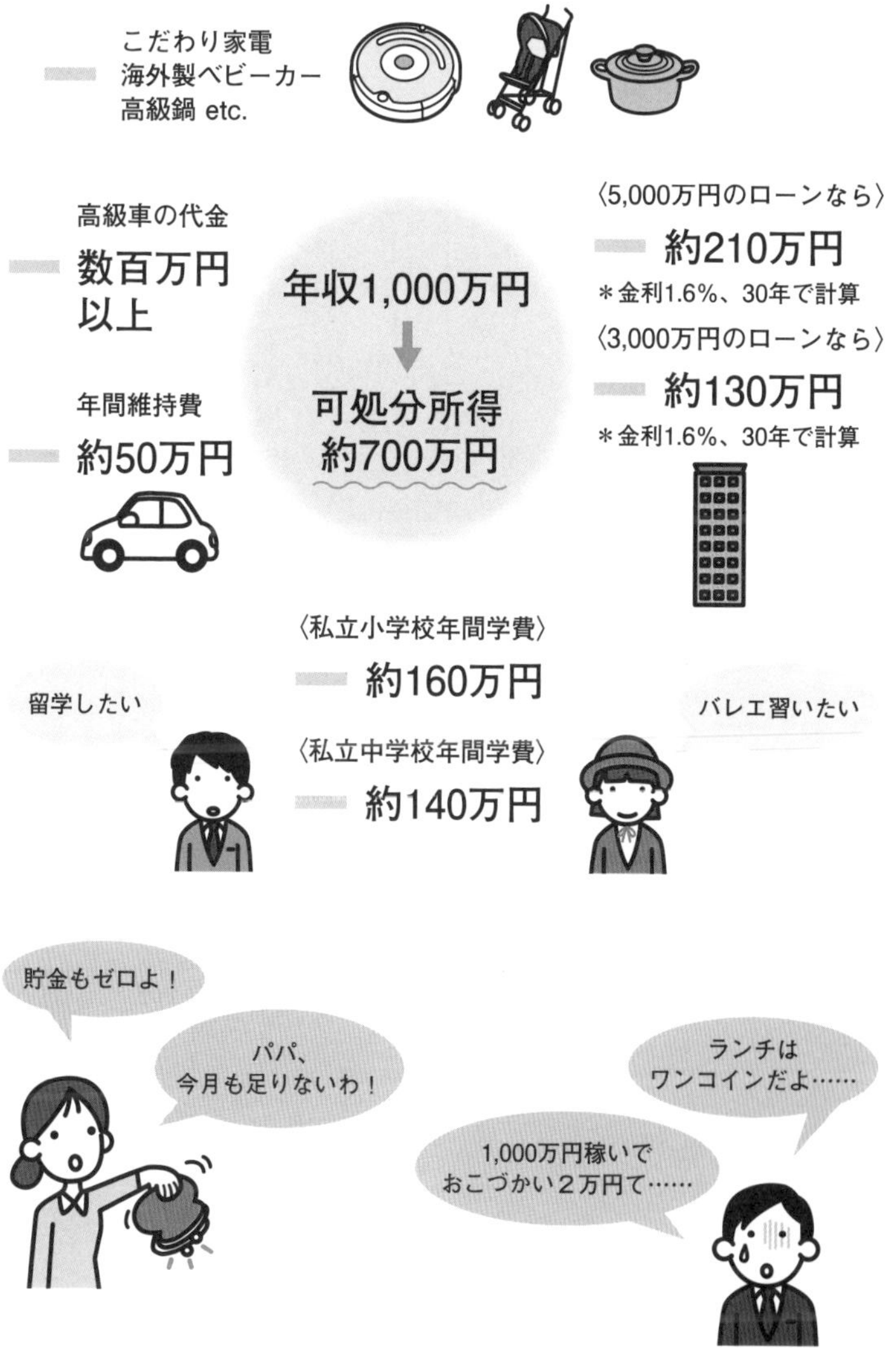
こだわり家電
海外製ベビーカー
高級鍋 etc.
高級車の代金
数百万円以上
年間維持費
約50万円
年収1,000万円
可処分所得
約700万円
〈5,000万円のローンなら〉
約210万円
＊金利1.6%、30年で計算
〈3,000万円のローンなら〉
約130万円
＊金利1.6%、30年で計算
〈私立小学校年間学費〉
約160万円
〈私立中学校年間学費〉
約140万円
留学したい
バレエ習いたい
貯金もゼロよ！
パパ、今月も足りないわ！
ランチはワンコインだよ……
1,000万円稼いでおこづかい２万円て……

日本は終身雇用の国ではなかった

戦前の日本には終身雇用という概念はなかった。その状況を大きく変えたのは太平洋戦争である。戦争遂行を最優先するため、国家が経営に介入し、従業員の雇用も保障させた。戦後、大企業を中心にその慣行が残り、最近までそれが続いていただけなのだ。

いまだに終身雇用が成立していると信じている一部大企業のサラリーマンは、全収入を消費に回したりしている。1000万円の収入がありながら生活が苦しい世帯というのは、このようにして出来上がっている。

インターネットという強い味方がいる現在、情報収集能力を駆使すれば、500万円くらいの収入差は容易にカバーすることができる時代になった。たとえば不動産は、エリアを慎重に選んで中古でもよしとすれば築浅の物件が格安で手に入る。

夫婦共働きで年収350万円ずつであれば世帯年収は700万円である。堅実に中古マンションを購入し、貯蓄を進めていけば、最終的には1000万円浪費世帯よりリッチになることも夢ではない。そして共働きなら、万が一どちらかがリストラにあったり、病気になっても何とかやっていける。破綻することはないだろう。

Column

お金持ちは常に恐怖に怯えている

貧乏人のひがみではなく、お金持ちが不幸だというのはある意味で本当だ。たくさんのお金を持つと、それを失うのではないかという恐怖から逃れられないという。

サラリーマンを経てゼロから会社を立ち上げ資産家となったSさんは、今では十億単位の財産を持っているが、まったく安心感を得られないどころか、ますます不安になっている。Sさんが会社を立ち上げたのは、ある程度の財産を築いて安心した人生を送りたかったからだ。

Sさんはいくつかの事業を軌道に乗せたことによって、たとえ病気になっても今の生活水準を維持できる仕組みを手に入れた。だが、今度は別の不安がSさんを苦しめている。今の事業がダメになったら、自分には何もなくなってしまうのではないかという恐怖である。

ある心理カウンセラーによれば、Sさんのようなケースはごく当たり前のものだという。人間の欲求には限りがなく、ひとつの課題を克服したと思っても、すぐに次の課題で頭を悩ませてしまう。これはお金持ちに特有というよりも、「多くの人に見られる傾向」(カウンセラー氏)なのだそうだ。お金持ちの場合、失いたくないものがあまりにも大きいため、お金をなくすのではないかという不安な気持ちは想像を超えるものになるらしい。

別のパターンもある。資産家の家に生まれたお金持ちはもともとお金を持っているので、そもそも働く必要がない。社会勉強として働いたとしても、それはお小遣いにすぎないことを本人が一番よく知っている。会社勤めを経ずに事業を始めた人は、仕事をした経験はあるものの、人の下で働いた経験を持っていない。

会社勤めを経て実業家になった人も、多くはサラリーマンが嫌で実業家になったので、そこに安易に戻ることは自身のプライドが許さない。しかも実業家はある種の天才なので、時代の移り変わりに敏感だ。常に自分が時代に取り残されるのではないかと怯えている。

ふつうに仕事をしてきた人にとって何でもないことも、ある種の人には死よりも怖い恐怖なのだ。欲しいもののほとんどは手に入れているお金持ちにとって、「時代に取り残されて没落し、ふつうに働かなければならなくなる」という恐怖感がバイタリティになっているケースは案外多い。

派手にお金を使うのも、自分にはこれだけ散財できる能力があるのだということを確認する作業なのかもしれない。お金持ちと付き合う場合には、このあたりの心理をよく理解しておくとよいかもしれない。

多くのお金持ちにとって、今の資産や立場をなくすことは「死ぬよりつらいこと」なのだ。

第2章

お金持ちは
こんなことを考えている

1 お金持ちはすべて自分のせいにする

お金持ちになれる人というのは、なかなか人にはできないことを実現しているので、多くの優れた面を持っている。その中でも特にすごいのが、結果のすべてを自分のせいにできる精神力の強さである。逆にいうと、このメンタリティさえ身につけることができれば、かなりお金持ちに近づくことができるのだ。

往々にして人間は、他人のせいにすることにかけては天才である。そして、多くの人はそうと気づかず他人のせいにしている。

たとえば家族の存在を自分が行動しないことの理由にしてしまうパターン。「子供や奥さんがいるからできない」というのは、自分が努力しないことの言い訳である。

では以下の場合はどうだろうか？

なっ、
なんでですか？
ガターン
人は誰でも
裏切る可能性が
あるからや。
対策しとくんが
あたりまえや
信用していた
人に
裏切られて…
100％
あんたが
悪い!!
病気で…
あいつは
コネが
あって…
妻や
子のため
世の中みんな
言いわけ
ばっかりや
何がおきても
自分のせいと
考えられんうちは
お金持ちには
なられへんで

・信用していた人に裏切られた
・投資した会社の業績が悪化して株が下がった
・コネのある人にいい話を持っていかれてしまった

このようなケースでは、自分のせいではないと思いたくもなるかもしれない。だがお金持ちになれる人は、これらのことが起こっても、すべて自分のせいにすることができる。

すべてが自分の責任と考える

信用していた人に裏切られるなどというのは、100％裏切られたほうに責任がある。人は誰でも裏切る可能性があることは周知の事実であり、その対策を一切していなかったなどというのは怠慢以外の何物でもない。投資した会社の業績悪化を予想できなかった、あるいはそれが発生する可能性を予見していなかったという話もこれと同様、すべて自分のせいである。

コネを持っている人に負けてしまったというような不条理な話であっても状況は変わらない。世の中にはコネを使った不正行為が存在していることなど、前から知っていたはずである。そうであれば、それを前提としたレースをしなければならない。不正行為によって自分に不利益があることを織り込めないのであれば、お金持ちへのシビアなレースに勝てるわけがないのだ。

お金持ちは危機管理のプロである

お金持ちになれる人は、他人の行動が引き起こした事態や、自分自身の環境などもすべて自分のせいと考えることができる。病気でダウンして損失を出した場合は、病気になったときの対応策を構築していなかった自分のせいだと考えるのだ。

すべてが自分の責任と考え始めると、今後自分の身に起こってほしくないことを100個も200個も列挙するはめになる。この結果、お金持ちは冷徹な危機管理を行うことになり、不測の事態でも、日々発生する小さなトラブルでも、お金を失うことが少なくなってくる。この積み重ねは長期間になると、途方もないレベルで効いてくるのだ。

2

お金持ちは率と絶対値を区別している

お金持ちで数字に強い人は多い。特に、数字の絶対値と率を区別して考えられる人は、お金持ちへの切符をより簡単に手に入れることができるようだ。

以下のような新聞記事があったとしよう。あなたはどのような印象を持つだろうか？

「C国のGDP成長率は年々鈍化し、今年度は2％にとどまった。同国の成長率は5年前の5分の1である」

もしこの記事を見て、C国が衰退し、経済が毎年マイナスになっていると感じるようだと、お金持ちになるのはちょっと難しいかもしれない。

この記事で指摘しているのは成長率であって、GDPの絶対値ではない。成長率は5年

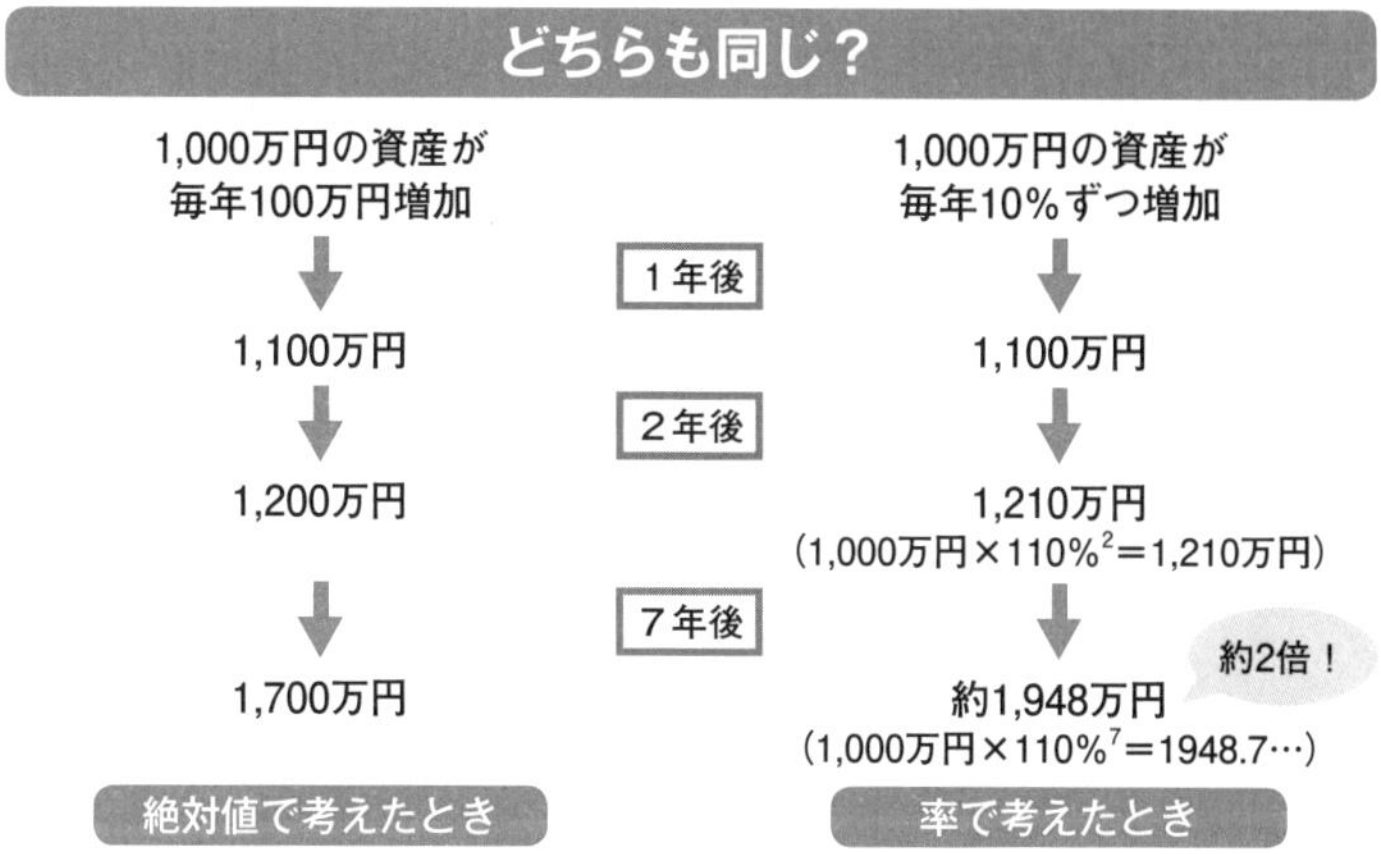

前の５分の１になって２％というのだから、５年前には10％の成長率があり、今は２％ということだ。年々成長率が低下しているとはいえ、５年前は10％の成長率があり、最近では２％の成長を実現しているのである。ざっと計算すれば、５年間でＧＤＰが１・４倍近くに増大していることになる。

同じようなマジックに、１０００万円の資産が毎年10％ずつ増加することと、毎年１００万円ずつ増加することとの違いがある。最初の年は同じ１００万円の増加なので大差がないように見えるかもしれない。時間が経つと両者には大きな違いが出てくる。前者は７年で資産が約２倍になるのに対して、後者は７年後でも１・７倍にしかならないのだ。

このような率と絶対値を使った数字のマジックはあちこちに見られる。お金持ちになるためには、この率と絶対値のマジックに騙されないようにしなければならないのだ。

金利に隠されたマジック

金融商品で提示されている金利は、この手のマジックのオンパレードだ。たとえば、年利1％の半年定期預金があるとする。100万円を預けると、半年後に満期で戻ってくるお金は101万円ではない。1年で1％なので半年では0・5％になり、戻ってくるお金は100万と5000円だ。

では、この違いがわかる賢い人は、できるだけ有利な定期預金を探し出すことでお金持ちになれるのだろうか？　答えはノー。金利のマジックが理解できても、貯金しか選択肢にない人は、数字の絶対値についてよく理解していない可能性がある。

資産10億円の人と、資産100万円の人の貯金の意味

資産10億円の人にとっては、金利1％の定期預金を選択することは非常に合理的なことである。10億円あれば、銀行に預けるだけで年1000万円の利子がもらえる。しかも銀

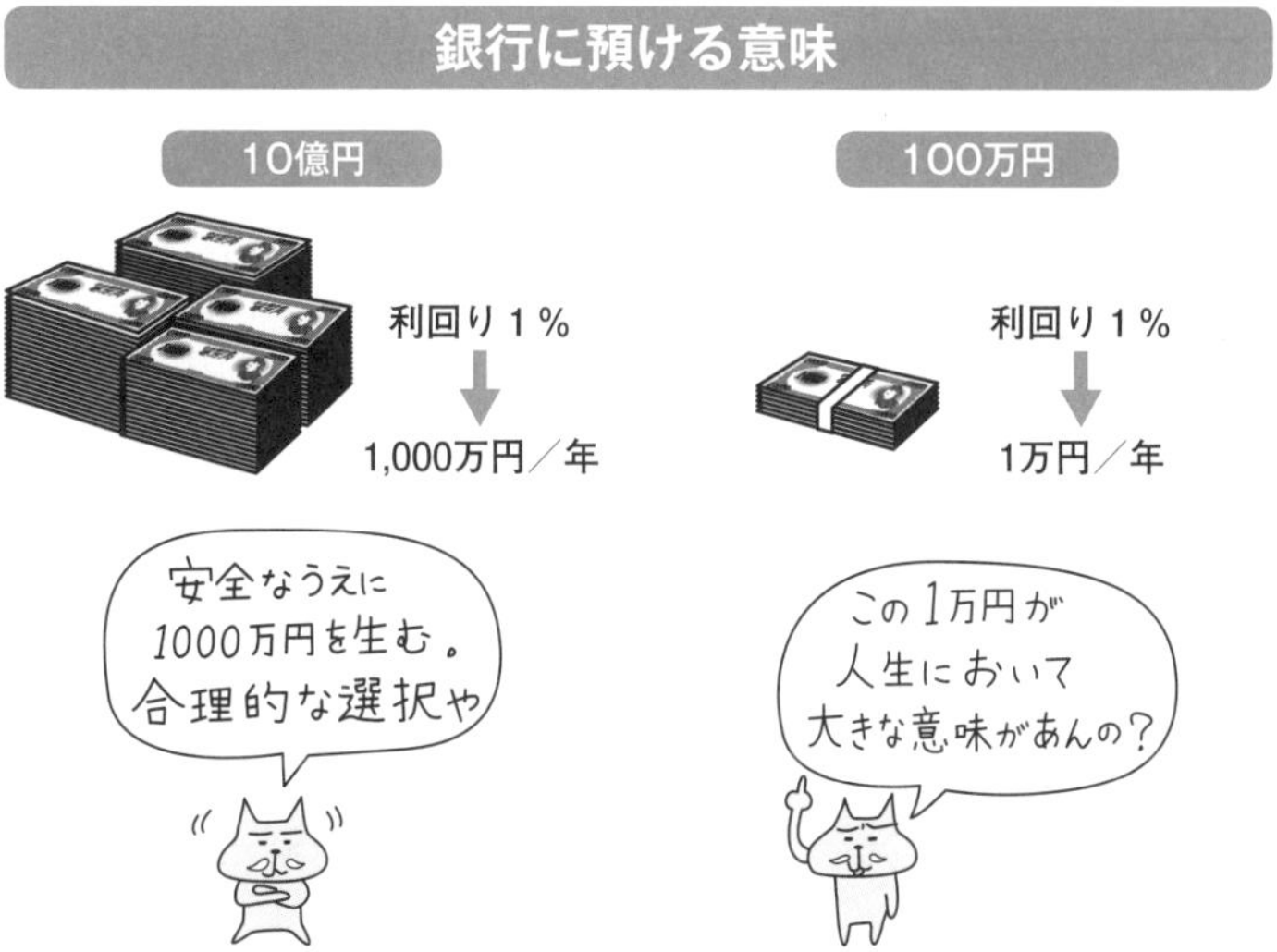
銀行に預ける意味
10億円
利回り1％
1,000万円／年
100万円
利回り1％
1万円／年
安全なうえに
1000万円を生む。
合理的な選択や
この1万円が
人生において
大きな意味があんの？

行預金は安全性が高く、そうそう簡単にはなくならない。10億円の資産を持っている人にとって、大事なのは高い利回りではなく安全性なのだ。

だが、１００万円しか貯金を持っていない人にとって、銀行預金は必ずしも合理的な選択とは言えない。一生懸命有利な金利の定期預金を探して預けたところで、１年で数千円から1万円くらいしかお金は増えないのだ。「チリも積もれば山となる」という格言があるが、それが意味をなすのはチリの絶対量が多いときだけである。ごく少量のチリを積み上げたところで、チリはチリのままでしかない。絶対値としてはゼロも１００万円もほとんど差はない。

この事実に多くの人が気づいていない。というよりも、気づいていても見て見ぬフリをしているのだ。

貯金100万円の人が定期預金を選択することが合理的なのは、今後それ以上の貯金を確保できる見通しがなく、その100万円を何としても死守しなければならないときである。つまりそれは、お金持ちを目指さないということ。お金を本気で増やそうと思うなら、常に絶対値と率を区別して考える必要がある。絶対値の少なさという現実を受け入れたとき、ようやくお金持ちへの道はスタートするのだ。

3 「1日24時間は誰にでも平等」の嘘

時間は万人に平等と言われている。だが、この話は必ずしも真実ではない。場合によっては、時間も平等ではないのである。このことをお金持ちはよく理解している。

10万円のお金の値段は1万円？

カードでキャッシングをすると、5〜15％くらいの利子を取られる。「利子」という言葉になっているが、（利子が10％だとすると）10万円分のお金の「利用料」として年間1万円払っていることになる。つまり、10万円のお金についている時間（1年）の値段は1万円なのだ。

あまりピンとこないかもしれないが、お金持ちには、このあたりの感覚がずば抜けている人が多い。10万円を人に貸せば、理屈上、利用料として年間1万円をもらうことができ

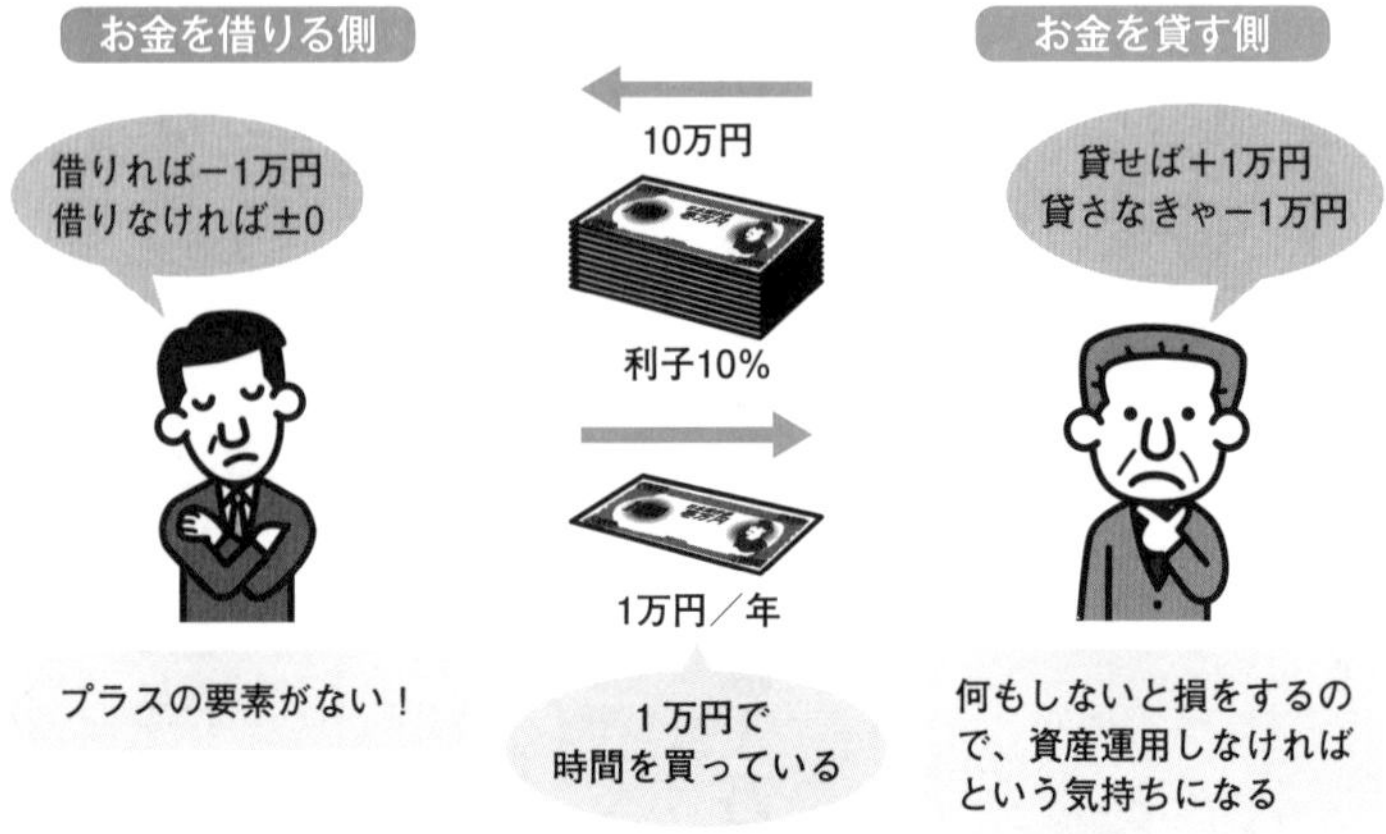
お金を借りる側
借りればー1万円
借りなければ±0
プラスの要素がない！
10万円
利子10%
1万円／年
1万円で
時間を買っている
お金を貸す側
貸せば＋1万円
貸さなきゃー1万円
何もしないと損をするので、資産運用しなければという気持ちになる

る。人に貸さなくても、不動産を購入してそれを人に貸してもよいし、株式など事業に投資してもよい。もし10%の利息や配当が付くなら、10万円は1万円を生み出し、放置しておけば、1万円損したことになる。

10万円というレベルではなく、これが1億円、10億円となると話が違ってくる。10億円に10%の配当が付けば、年間1億円。逆に10億円持っている人が何もしなければ、年間1億円の損失だ。

お金を借りるということは、そのお金を稼ぐ分の時間代を支払うということだ。10万円をローン会社から1年間借りると、利子10%なら1万円を支払わなければならない。1万円を出してローン会社から時間を買っているのだ（時給千円で10万

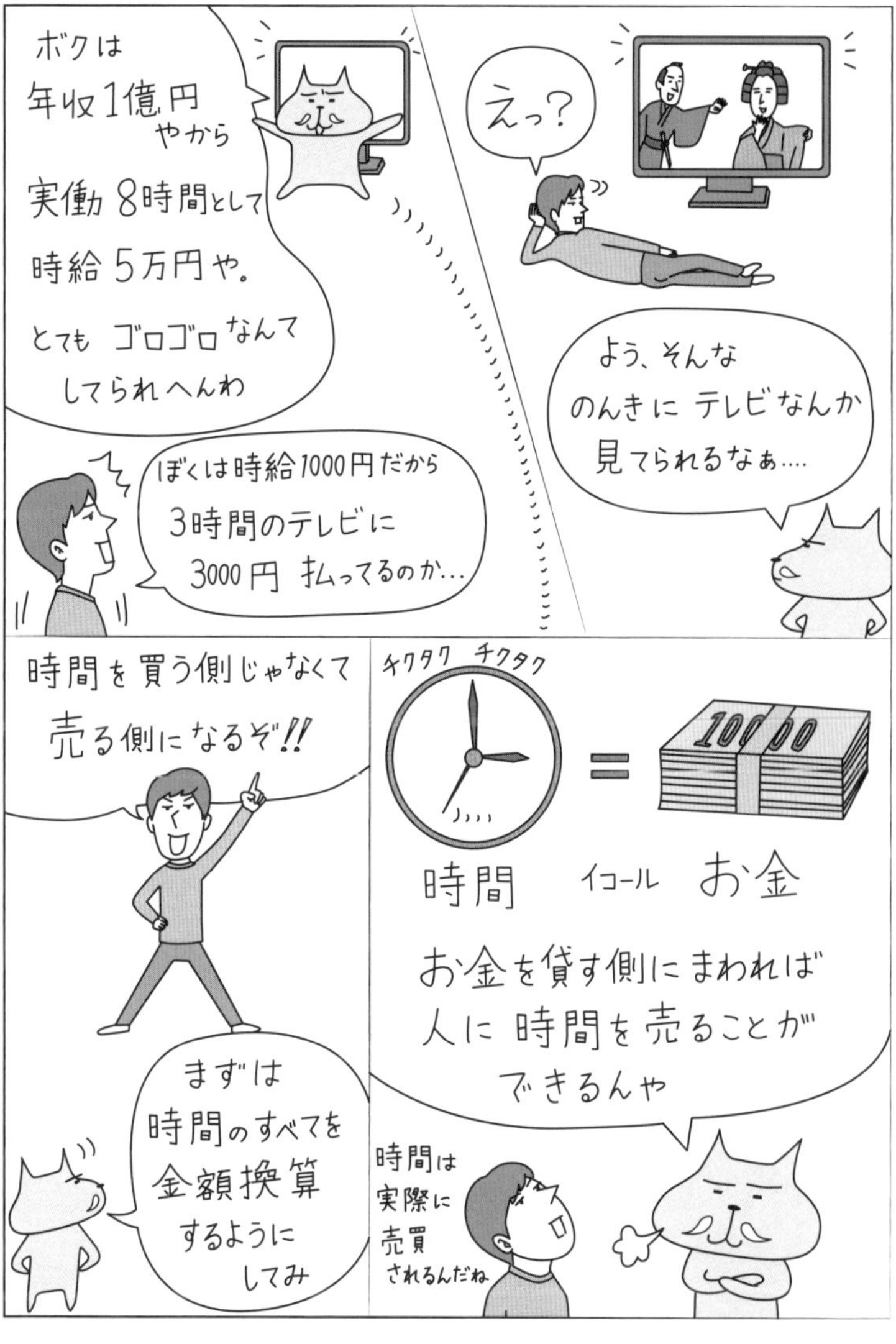
ボクは 年収1億円やから 実働8時間として 時給5万円や。 とても ゴロゴロなんて してられへんわ
えっ？
よう、そんな のんきに テレビなんか 見てられるなぁ….
ぼくは時給1000円だから 3時間のテレビに 3000円 払ってるのか…
時間を買う側じゃなくて 売る側になるぞ!!
まずは 時間のすべてを 金額換算 するようにしてみ
チクタク チクタク
10000
時間 イコール お金
お金を貸す側にまわれば 人に時間を売ることが できるんや
時間は 実際に 売買 されるんだね

円稼ぐのに100時間かかる。100時間分を1万円で買ったのだ)。

世の中にはせっせとお金を出して時間を買っている人、お金をもらって時間を売っている人がいる。1日24時間は皆に平等というのは本当なのだが、実際には、その時間が売り買いされており、時間を上手に切り売りした人が大儲けできている、ということなのだ。

4 お金持ちだけが持つ独特のカンとは？

お金持ちになった人の多くは、人と違うことをやってお金持ちになっているので、何かと人と違う行動をとる。そして、人と違う行動をとるためには、独自の判断基準が必要となる。お金持ちの判断基準は、お金持ちになろうとする人にとっては非常に参考になるはずだ。

話の中身を考えず、人物だけを見る

地方で建設関係の会社を経営しているある資産家は、祖父の代から事業を営む一家に生まれたが、自分で新しいビジネス形態を考え、別会社を立ち上げて社長になった。保守的な地方にしてはめずらしく新しいことばかりやってきた人である。彼の判断基準は常に「人」である。

「新しいことは自分も含めて知識がないので、あれこれ考えても意味がありません。何かを人から持ちかけられたときには、その中身ではなく、その人だけを見ます。とにかく会って、じっくり話をして、その人がどんな人物か見極めるのです。極論をいうと、話の中身はほとんど考えません」

同じく地方で事業を営むある経営者の判断基準はもっとすごい。

「私は相手の声だけで判断します。声にハリがあり、元気にしゃべる人の話はじっくり聞きます。ボソボソ言う人は最初から相手にしません」

2人の例はかなり極端かもしれないが、ある意味で本質を突いている。人間の知識や経験などたかが知れている。変化が激しい世の中で、新しい動きについてすべてを把握するのは困難だ。だが人物に関する評価は、一定の経験があれば、世の中がどんなに変化しても普遍的に対応できる。話の内容よりも、どんなタイプの人がどのように話を持ちかけてきているのかを判断するほうが安全という考え方である。

もちろん、これは誰にでもできるワザではない。人を見極める能力がない人がこれをやれば、いとも簡単に騙されてしまうので注意が必要だ。

さらにこれを実行するには、「覚悟」が必要だ。これがなかなかふつうの人にはできない。大金がかかっている状況で、人物だけを見極めると腹を括るにはかなりの度胸がいる。

だがこのやり方を貫徹できれば、時代や技術が変わっても、何も恐れる必要はない。インターネットが登場しようが、新しい金融テクノロジーが登場しようが、彼らにとってはどうでもいいことだ。判断基準は何も変わらないからである。

数字は人柄を表す？

広告関係の会社を経営する実業家は、まったく別の基準を持っている。それは数字だ。

「数字は人柄を表しますから、数字を見ればそれで十分です。相手が会社なら調査会社などを使って決算情報を入手します。相手が個人の場合は、年収や家の値段など数値の情報

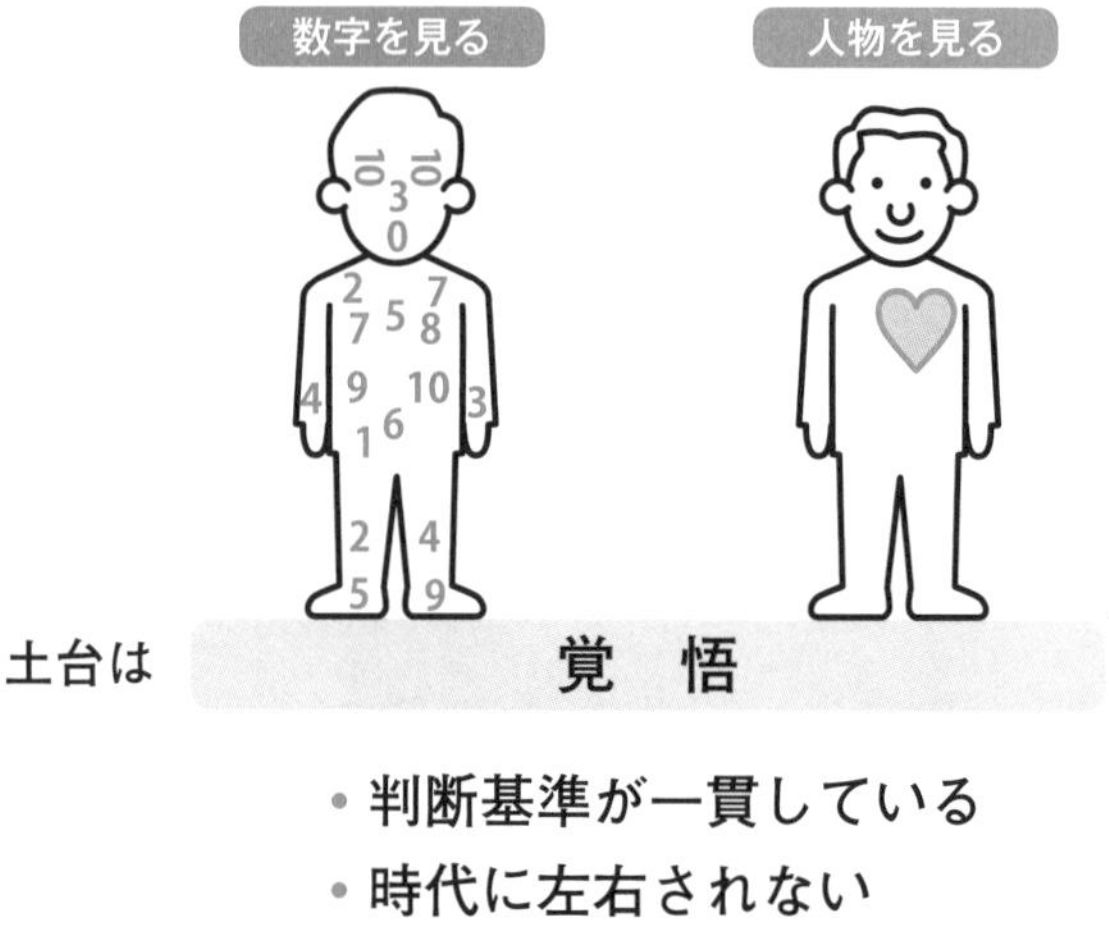
数字を見る
人物を見る
10 10 3 0 2 7 7 5 8 4 9 10 3 1 6 2 4 5 9
土台は
覚悟
・判断基準が一貫している
・時代に左右されない

中途半端やと
騙されるがな

が有効です。完全にわからなくても、それとなく聞き出します」

最初はハッタリかと思ったが、そうではなかった。筆者がよく知る会社の決算書を彼が見た際に、社長の性格やおおまかな経歴までも言い当てたのである。

業種、社歴、役員構成、利益、本社の移転回数などの情報で、社長の人柄はある程度の想像ができるという。さらに資金の回転率や負債の変化など、より細かく見ていくと、場合によっては社長の経歴までも把握できるという。

筆者も仕事柄、会社の決算書を見る機会は多いのだが、どんなにごまかしても数字は嘘をつかない。粉飾決算をしている会社はおおよそ見当がつく。数字の動きに性格が出るという話はあながち嘘ではない。

5

お金持ちが電車やバスに乗らない理由

お金持ちは、地下鉄やバスといった公共交通機関に乗らない人が多い。だが話をよく聞いてみると、単なる贅沢で公共交通機関に乗らないというわけではないようだ。

あるＩＴ企業のオーナー社長は、基本的にタクシーを移動手段に使っている。彼がタクシーを好むのは、移動中に携帯電話やメールで連絡や簡単な打ち合わせを済ませてしまえるからだ。ＩＴ関連企業を複数経営するある実業家は、一部のタクシー会社が提供しているハイヤーサービスを使っている。雨の日などはタクシーが拾えなくなることがあるので、少々お金がかかっても、自分の車として一定時間キープしておけるハイヤーサービスは欠かせないという。

雨の日でも
ハイヤーなら
安心
打ち合わせが
できる
感染を防ぐ
痴漢の冤罪を
避ける

電車に乗らないのはリスク管理の一環

リスク管理の一環として電車に乗るのをやめたお金持ちもいる。ひとつは「痴漢の冤罪を避けるため」である。日本では冤罪が起こりやすい。特に痴漢の場合には、被害者の証言がすべての根拠になるため、一旦加害者にされてしまうと無実を証明する手段がない。最近では痴漢冤罪も深刻化し、ＪＲ新宿駅で痴漢に間違えられた25歳の男性は、女性の連れと称する男数人にボコボコに殴られ、加害者として逮捕され、警察に自白を誘導されたあげく絶望して自殺してしまったという。

健康管理という別の観点から電車に乗らないお金持ちもいる。投資ファンドを運営するある金融マンは、特に冬の期間、電車に乗ることを避けている。風邪予防と言うと、うがいやビタミン補給などが思い浮かぶが、彼の考えは違った。それは風邪予防の定説に疑いの目を持っていたからだ。彼は学術論文を検索し、風邪やインフルエンザの感染ルートを徹底的に調べた。すると、電車内における飛沫感染、吊り革やエレベーターボタンなどからの接触感染の割合が極めて高いことがわかった。要するに、不特定多数の人が集まり、接触するものが危険なのだ。

彼は冬の間の通勤をタクシーに切り替えた。タクシーも誰が乗るかわからないが、電車に比べればだいぶリスクは少ない。その効果は絶大で、いつも冬になると風邪を引いていたのが、タクシー移動に変えてからはほとんど引かなくなったという。

お金持ちが混雑を嫌うわけ

お金持ちで混雑、そして待つことを嫌う人は多い。お金持ちが待つ時間を嫌がるのは、おそらくその時間がもったいないからである。待たされるということは、自分の時間を浪費して相手に供与しているのと同じ。時間を浪費するくらいなら、お金を払ってその時間

を買うほうがまだマシという考えだ。

行列に並ぶのも同じことだ。行列に並ぶのは、自分の時間を店側にプレゼントしているのだ。お金持ちにとって時間は売り買いできるものであり、できるだけ多くの時間を持っているほうがゲームを有利に進められると考えている。

ある実業家はさらに手厳しい意見を持っている。行列に並ぶのは「他人と同じであることを確認したいだけの後ろ向きな行為」であるという。多くの人は、ムラ社会で仲間はずれにされるのを極端に恐れる。行列に並ぶのは他人と自分は同じであるという確認作業に他ならないというのだ。この意見は傾聴に値する。

行列の先にはサービスや商品を提供する事業者が必ず存在している。行列に一生懸命並ぶということは、自分が完全に消費者の側に立っていることを意味している。「どうだ、面白いだろ！」という事業者に対して、行列という不便を味わってでも商品にありつきたい消費者。このようなことばかりやっていたのでは、いつまでもお金を貢ぐ側であり、貢がれる側にはなれないだろう。

6 お金持ちはファーストクラスには乗らない

混雑する電車に乗らないお金持ちは、当然飛行機でエコノミークラスには乗らない。では、ファーストクラスに？　いや、お金持ちが好んで乗るのはビジネスクラスなのだ。なぜビジネスクラスがいいのか聞いてみると、一番多い回答が「もっともコストパフォーマンスが高いから」だった。

だが、一般的な感覚で言えば、ビジネスクラスは値段が高い。アメリカ西海岸に行くのに格安エコノミーであれば数万円なのに、ビジネスクラスになると30万から50万円。快適なのはわかるが、これでコスパが高いと言えるのだろうか？

お金持ちならでは！　ファーストクラスとの比較

旅館やホテルのオーナーをしているSさんは、海外の観光地やホテルの情報収集も兼ね

コストパフォーマンス（コスパ） → 少ない費用で高い効果が得られること。費用対効果。

例えば　サンフランシスコ ―――― 成田

ファーストクラス　ビジネスクラス　エコノミー

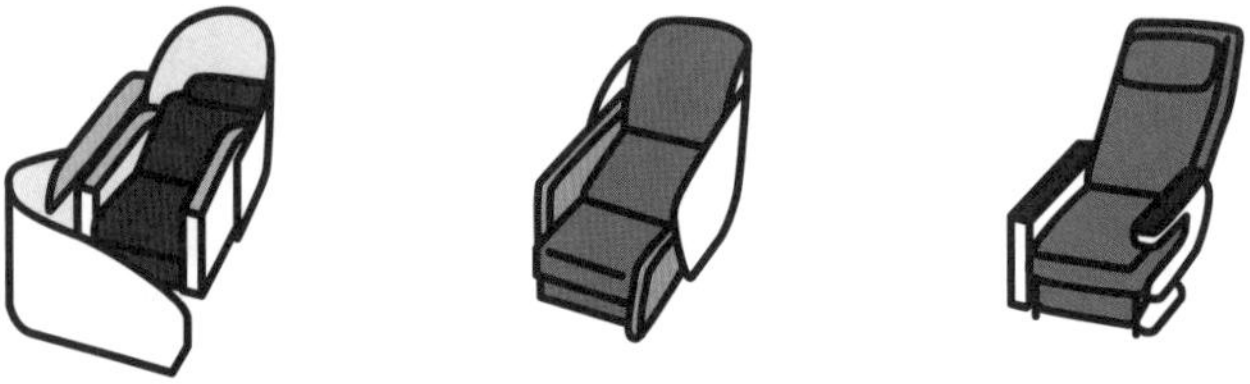

230万　45万　10万円

ここの比較でコスパがいい!!

て、毎月のように海外旅行をしている。旅行には毎年１５００万円くらいかけている。Ｓさんはいつもビジネスクラスに乗っている。「ファーストクラスに乗るのはお金をドブに捨てるようなもの」とＳさんはいう。

　ファーストクラスは、下手をするとビジネスクラスの倍以上の料金だが、シートが２倍広いわけでもなく、トイレのスペースも同じ。ラウンジが別といっても、値段を考えると、ビジネスクラスのほうが圧倒的にお得だという。なるほど、お金持ちはファーストクラス

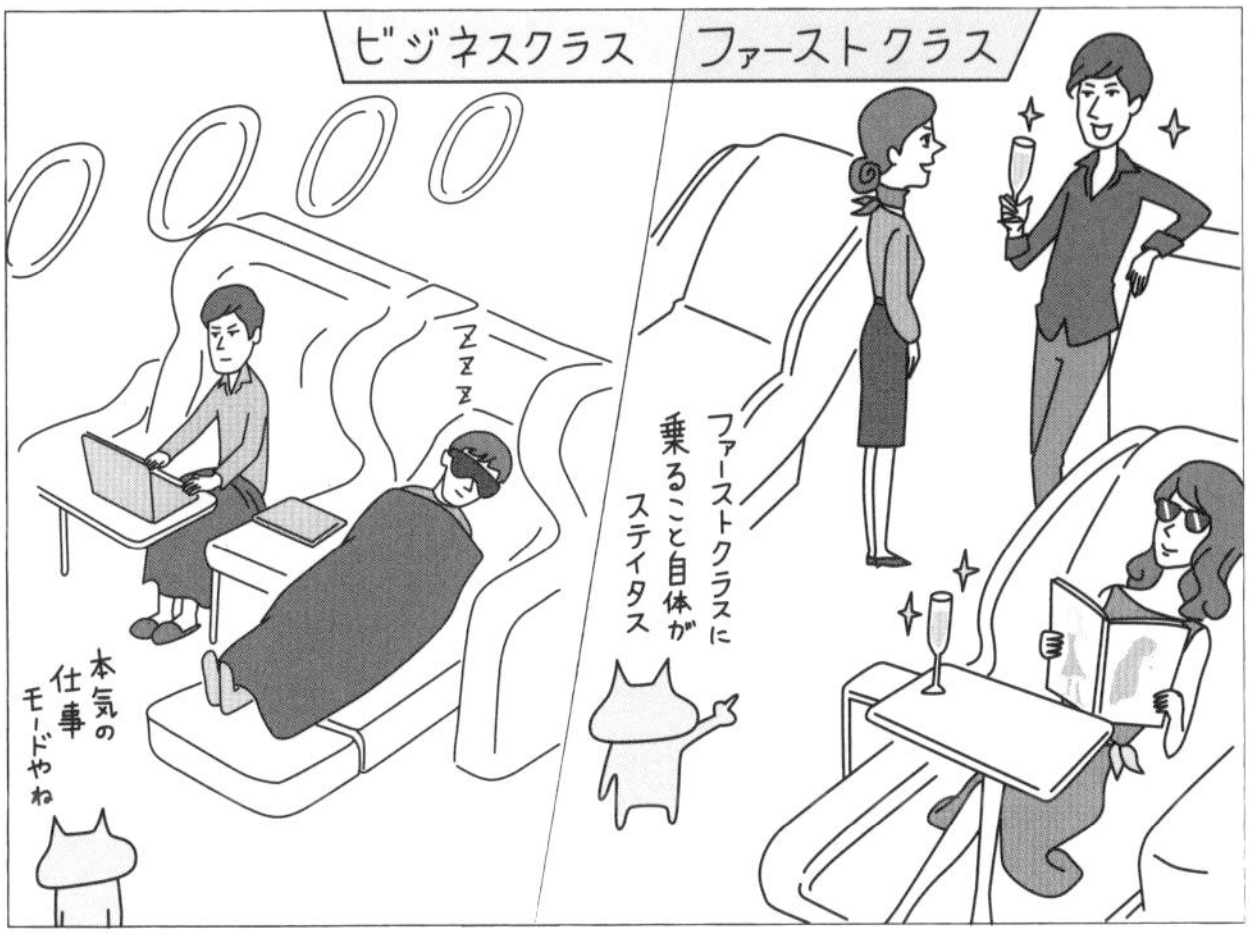

も含めてコスパを考えていたのか！

お金がないとそもそもファーストクラスは眼中に入らないので、これはお金持ちでないと思いつかない発想だ。そう考えると、何が一番お得なのかという話には、案外いろいろな盲点があるかもしれない。自分が得だと思っていることも、視点を変えて見直してみるとよいだろう。

ファーストクラスにはどんなお客さんが乗る？

ところで、Sさんが厳しい評価を下しているファーストクラスには、いったいどのような人が乗っているのだろうか。

筆者はある実業家と一緒に香港に行く機会

があり、その際ついにファーストクラスに乗ることができた。

乗客は少なく、我々以外には一組の香港人（？）カップルだけ。男性はおそらく芸能人か。背が高くイケメンだ。彼女もモデル体型で、2人とも「クール」を演じているようで、少し苦笑してしまった。

この手の乗客はファーストに多いという。ビジネスクラスだと仕事モードでパソコンに向かい、食べたらさっさと寝る客も多いので、基本的にまわりは静かだという。ファーストになると、にぎやかに過ごしたりするお客さんもいて、雰囲気がだいぶ違うのだそうだ。

つまりファーストクラスは、「ファーストクラスに乗ること自体にお金を出す人」がメインの乗客なのだ。こういう商売は実はあちこちに存在している。お金持ちになりたいと考える人にとっては、この話はビジネスのヒントになるかもしれない。

Column

お金持ちの子供は、お金持ちになりやすい

お金持ちの子供は、お金持ちになりやすい体質を持っている。お金持ちの家に生まれ育つと、親から財産を引き継がなくても、事業や投資で大きな資産を作ることができる確率が高くなるのだ。おそらく、お金持ちの家に生まれ育つことによって、自然とお金持ちになるための立ち居振る舞いや思考が身につくものと考えられる。

IT系企業のあるオーナー氏は、息子を自分の会社に入社させた。息子は、入社数年で一気に事業責任者に昇格した。傍から見れば、典型的な親族の特別扱いである。だが、オーナー氏によれば、息子だからと特別扱いしたことは一切ないという。息子は本当に仕事ができるので、昇進は本人の実力だったそうだ。

この話題を当の本人（息子）に振ると、彼は「どうすれば親父が喜ぶかを俺はよくわかっている。親父が喜ぶプランを一生懸命に提案しただけだよ」と事もなげにいった。彼は

幼い頃から、社長である父親とその部下のやり取りを間近で見ている。父親の好みや、どのようなタイプの社員が出世しやすいかなどを、完全に把握していたのだ。

息子はふつうのビジネスマンが10年、20年かけて養っていかなければならない経営者的な視点を、すでに身につけている。全国の大名を前に「余は生まれながらにして将軍である」と言い放ったのは3代将軍・徳川家光だが、彼はまさに生まれながらにして経営者だったのである。

Y君は、ある地方都市の資産家の息子である。現在大学生だが、マインドは完全にお金持ちだ。彼は今後、父親の資産（主に不動産）を活用した土地開発をしたいと考えている。だが、自分の力で勝負しようとは思っていない。彼の頭の中にあるのは「Ｗｈｏ」という言葉だ。筆者に対しても「○○の分野で詳しい人を知りませんか？」という質問ばかりだ。

自分ができる範囲には限界がある。Y君は、自分はあくまで投資家であり、オペレーションは誰か詳しい人に任せればよいと最初から考えている。Y君のこうした思考回路は、筆者にとってちょっとした驚きであった。「働いて給料をいただく」という立場でものを考えていると、自分は何ができるかばかり考えてしまう。Y君は、その壁をいとも簡単に乗り越えている。彼は最初から使われる側ではなく、使う側の人間なのだ。

もちろん、このことには功罪両面がある。自分がよくわからない分野だからといって人に任せきりにして失敗した例は数限りない。だが「自分ができること」だけにこだわっていると、幅広い展開はできないのも事実だ。少なくともお金持ちの家に生まれた人は、他人を「使う」ことの意味を、最初から身に付けていることが多いのだ。

第3章

お金持ちの
コミュニケーション術

1 お金持ちには友達がいない

お金持ちには友達が少ないと言われている。理由のひとつは、時間の進み方が我々一般人とお金持ちでは違うからである。ピンとこないかもしれないが、お金持ちの時間には高い値が付けられており、時間の進み方が変わってくるのだ。

都内にアパートを何棟も所有する女性不動産オーナーのUさんは、資産が1億円を超えてから自身の時間の概念が激変したという。

「1億円で3%の利子や配当がもらえるとすると、年間300万円です。ですので、1億円を3%で運用する人にとって時間の値段は年間300万円なんです」

資産が増えれば増えるほど、時間の値段は上がっていく。資産10億円の人は時間に年間

資産が増えるほど時間の値段はUP！

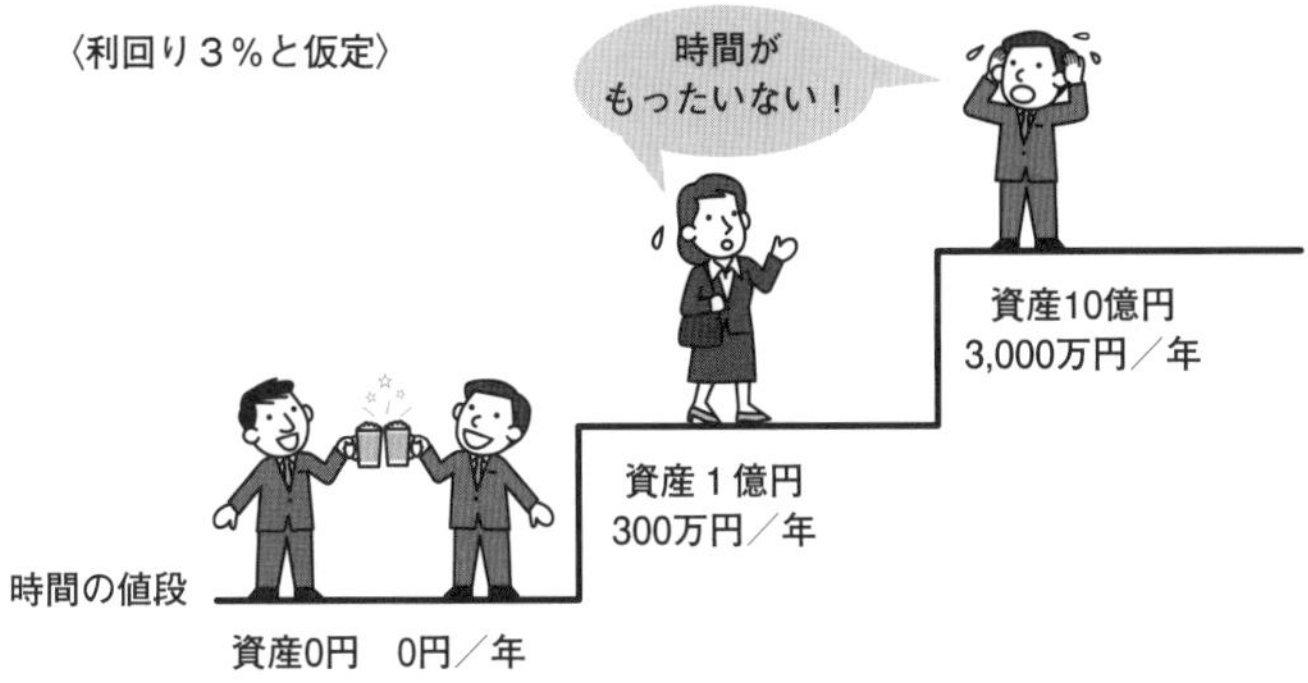
〈利回り３％と仮定〉
時間が
もったいない！
時間の値段
資産0円　0円／年
資産１億円
300万円／年
資産10億円
3,000万円／年

３０００万円の値段が付く。１日８時間労働に当てはめれば、時給１万５０００円である。友達と会って、あまり意味のない会話をしてダラダラと３時間すごしてしまうと、理屈上４万５０００円損する話になる。お金持ちになると、このような時間が非常に無駄に思えてくるのだそうだ。

とはいえ、気の置けない仲間とわいわいやるのは意味があるのではないだろうか？　Ｕさんはいう。

「私も昔はごくふつうのＯＬでしたから、そのような生活をしていました。でも昔の私も含めて、庶民って話がいつも同じなんですよね」

では、お金持ち同士は仲良くならないのだろうか？　Ｕさんの答えはこうだ。

「もちろん、お金持ち同士の集まりというのはあります。気兼ねなくお金の話もできるので助かっています。ただ、皆さん用心深いので、核心部分はなかなか話しません。なので、本当の友達にはなれませんね」

お金持ちに友達がいないというのは、どうやら本当らしい。

お金持ちが負担に感じるコミュニケーション

日本は同質社会なので、お互いが同じ境遇であることを無意識のうちに前提として相手に強要する傾向がある。一般の人はこのことを何も意識しないのだが、お金持ちにとっては違和感があるのだという。

資産家のMさんの状況が変わり始めたのは、皆が結婚し、住宅を購入するようになってからだ。

友人たちの多くが、30年ローンで郊外のマンションを購入している。住宅ローンの自虐ネタが出てくるともうピンチだという。「30年間マンションの奴隷だよ」「もしオレが今死

んだら、ローンはチャラになって嫁さんは喜ぶかも」

自虐ネタを披露し合った後に、皆はハッとMさんだけはそうではないことに気づき、「お前は立場が違うからなあ」とボソッと言われてしまう。最近は昔の友人との飲み会に足が向かなくなっているという。

2

お金持ちになれる友達の作り方

「お金持ちには友達がいない（少ない）」と書いたが、お金持ちは我々とは違った価値観で友達を選んでいるようだ。友達選びを間違うとお金持ちになれないどころか、貧乏スパイラルにも陥りかねないからだ。

なぜ友達を持つのか？

あなたは何のために友達を持つのか？　こう聞かれると、案外返答に困ってしまうかもしれない。なぜ友達を作るのかなど、ふつうの人は考えない。だがお金持ちになれる人は、このあたりについても合理的に判断している。

お金持ちになれる人は、なんとなく友達と付き合う、ということはしない。自分をより高めることを目的として友達を持つ。基本的には自分よりも立場が上の人、あるいは、同

レベルであっても自分にはない能力やスキルを持っている人ということになる。

たとえば食事をしたりお茶を飲んだり、同じ1時間を共にするにしても、自分にとって刺激になる人とそうでない人とでは、後々大きな差となって表れる。自分よりも能力が高く、実績を上げている人は、自分にはない考え方や価値観を持っている可能性が高い。これをうまく自分のものにすることができれば、自身の成長につながる。同じような思考回路のままでは、成長は望めない。

共感からは何も生まれない

ある中小企業に勤めるCさんは、最近そのことを痛感する体験をした。Cさんの会社はオーナー社長のワンマン体制で、社員は安い給料でコキ使われている。サラリーマン仲間との飲み会でこの話をすると、皆はとても共

Q Cさんの勤める中小企業のオーナー社長は社員を安月給でコキ使っています。あなたはこの社長をどう思いますか？

A それはひどい社長だ

B その社長はうまくやっている

A を選んだ人は…

「共感」からは何も生まれません。
社員の視点ではお金持ちにはなれません。

B を選んだ人は…

社長の視点を持っています。
その視点を大切にしましょう。

感してくれたそうだ。

だが、会社を経営しているKさんと飲みに行って同じ話をすると、反応がまるで違った。

Kさんはまず「その社長は優秀だ」と言った。社長の立場で考えれば、社員を生かさず殺さず使い倒すのがベストであり、その社長はうまくやっているという。社員に優しい会社は経営が傾くリスクが高い、とも付け加えた。

Cさんはちょっと反発を覚えたが、今まで自分が考えたこともなかった視点にハッとさせられた。

この出来事があって以来、Cさんは仕事で悩んだときに、「もし自分が社長だったらどうするか?」を考えるようになった。Cさんは一段階上のステップに上がったのである。最悪なのは、同じレベルの者同士で慰め合うパターン。「共感」は人間にとって心地よいものであり、ストレスの解消にはなるかもしれない。だが「共感」から新しい考えが生まれてきたり、チャレンジ精神が湧き出てくるようなことは、ほとんどないのが現実なのだ。

自分よりもレベルが高い人、自分にはないものを持っている人を友達にするとなると、該当者はかなり少なくなる。その結果、お金持ちには少数の友達しか残らないのである。

3

チビ・デブ・ハゲには逆らうな

「チビ・デブ・ハゲには逆らうな！」

これは、苦労人の実業家にして、現在では資産家として悠々自適の生活を送るG氏が語る格言である。実際にチビ・デブ・ハゲなのかどうかが問題なのではなく、コンプレックスは人間にとって大きな原動力になることのたとえである。コンプレックスを持った人間は、見返してやりたいと努力するだけでなく、ふつうの人であれば見過ごしてしまうことにも、気がつくことがよくあるのだという。

コンプレックスを持っている人は、他人の発言に傷つくことも多いが、その分、人間の本質を見極めやすい。

必死に努力し、かつふつうの人には見えないものが見える人は、成功する確率が高くなる。逆にいうと、敵にすると怖い。だからG氏は、強いコンプレックスを持った人間には

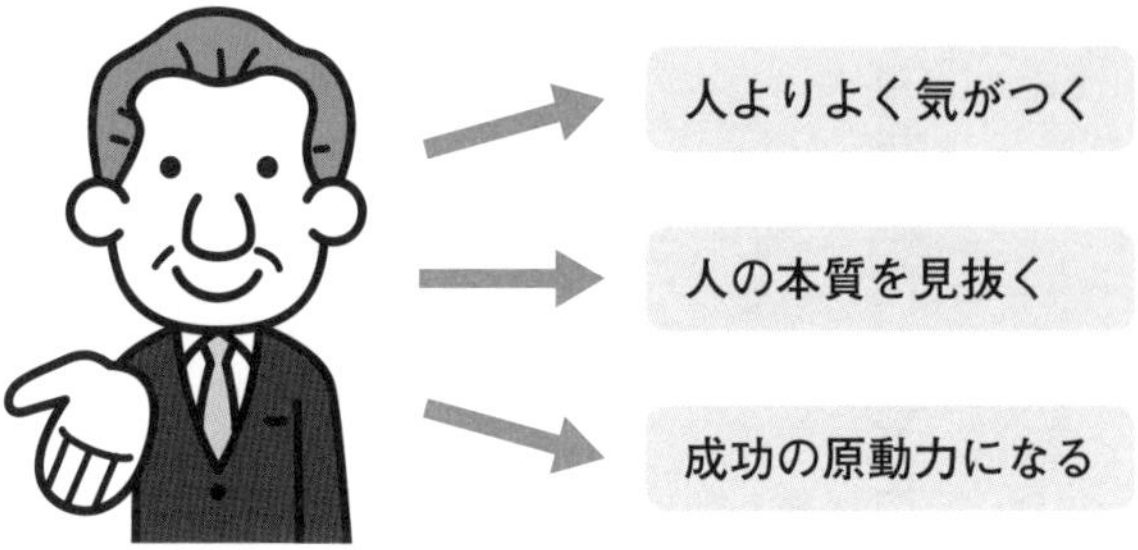
人よりよく気がつく
人の本質を見抜く
成功の原動力になる

逆らわないようにするのだという。

またG氏は、多かれ少なかれ、人間は誰でもコンプレックスを持っていると考えている。そこで、人に会うと必ず、その人は何にコンプレックスを感じる人種なのかを、何気ない会話を通じて探るのだという。何も見つけられなかったら、その人は何かを隠していると考えて、警戒して付き合うそうだ。

お金持ちになるとコンプレックスがなくなる理由

「いやぁ、いままで自分が感じていたコンプレックスは何だったのだろうという感じです」と笑うのは、都内に住むある起業家だ。彼は中堅大学を卒業して、営業の仕事に就いた後、その会社を辞めて独立した。抜群の営業力を生かして事業を拡大、立て続けに3つの新しい事業を起こし、本人はセミリタイアしている。

「サラリーマンをしているときは、自分の学歴にものすごくコンプレックスがありました。いつも人から見下されているような気がしていたのです」

自分では気がついていなかったが、彼の中では、「高学歴＝お金持ち」という意識があった。彼は、高学歴ではなく本当はお金がほしかったのだ。お金持ちと高学歴が意味もなく結び付けられていたため、激しいコンプレックスを持っていた彼も、自分本来の欲求「お金持ち」を満たすことができたとたん、高学歴などどうでもよくなってしまったというわけである。

高学歴だからといって、お金持ちになれるわけではない

たしかに日本では、勉強ができていい学校に入れると、いい会社に就職ができて、いい給料がもらえるという思考パターンを小さい頃から叩き込まれる。しかし、実際にはそんなことはない。苦労して高学歴を得た勉強エリート君は、その事実を受け入れたくない。

学歴はあってもなくてもコンプレックスに

学歴があるのに
お金持ちに
なれないなんて
学歴がないから
お金持ちに
なれないんだ

**このように考える人は
そもそも学歴にこだわりがあるのではなく、
お金にこだわりがある**

そのために、やたらと学歴ばかりが強調される、という結果になる。

学歴エリートと呼ばれる人の中にも、実はお金への欲求が極めて強い人は多い。そしてその多くが、自分でもそのことに気づいていない。

エリート公務員がつまらない賄賂を受け取って処分される事件や、一流企業の社員が高級時計を万引きするケースなどが報道されることがある。「なんで!?」と思うような話だが、お金に対するコンプレックスと考えると説明がつく。

勉強エリート君は基本的に「まじめ」で

ある。先生や親から勉強すればいい生活ができると教えられると、まっしぐらに努力する。しかし、長年の受験勉強に耐えて入った一流企業の給料では、実は思ったほどお金持ちにはなれない。一方で、中卒だが商売で成功した人は若くしてベンツに乗り、ロレックスの時計をしている。この事実に折り合いがつかないのだ。勉強エリート君は、本当はお金持ちになるための努力をすべきだったのだ。

4 お金持ちは素直に「ありがとう」と言える

お金持ちヨイショ本には、お金持ちが「ありがとう」を使う理由として、感謝の気持ちが相手に伝わり、それが自分に返ってくるから、などと書いてある。それでお金持ちになれるなら、みんなお金持ちになっている。「ありがとう」を連発する本当の理由を探ってみよう。

親切な行動の背景には上下関係が存在する

お金持ちが発する「ありがとう」や、お金持ちが取る親切な行動の効用は、実は目に見えない「上下関係」にある。お金持ちとふつうの人の間には、本人があまり意識していなくても「上下関係」が成立している。

ふつうの人は、お金持ちに対して様々な感情を抱く。尊敬であったり、羨望であったり、

目に見えない上下関係がある

反発であったり、嫉妬であったり。善し悪しはともかく、お金のある人に対しては無意識的に「上」の人であるという感覚が働くのである。

立場が「上」と思っている人が、思いのほか親切だったり、腰が低かったりすると、人はそのことに過剰反応する。お金持ちに親切にされると、異常にはしゃいだりするのはそのためだ。お金持ちは、本能的にそのことをよく理解している。

また、お金持ちは世間での評価をより重要視する。したがって、人にはにこやかに丁寧に接するものだ。

筆者が知るある上場企業のオーナー社長は、直筆(本当はそうではない)のお礼状を書くため専任の秘書を雇っていた。秘書は社長が面会した人物に、すぐにお礼状を送付する。そしてあえて秘書が電話

ありがとう
お金持ちが自分に感謝してくれた
不良が席をゆずった
意外感イロイロ
その裏に無意識の上下関係がある
強面の男性がやさしかった
目上の人からお礼状が届いた
ツンとした美人が甘えてきた

し「○○（社長）がくれぐれもよろしくと申しておりました」と相手に伝える。相手は、「多忙な人なのに、わざわざ直筆のお礼状まで！」と感激する。秘書から電話をもらうと、自分も大物と付き合っているという実感が増し、さらに気分が高揚する。そして「やはり上に立つ人はレベルが違う」と周囲に勝手に宣伝してくれるのだ。

では、お金持ちのこういった行動から何か学べるだろうか？　それは「意外感」がもたらす効果である。怖そうな男性が意外にも優しい言葉を口にしたりすると、コロッと参ってしまうのと同じ理由だ。

意外感の背景には、やはり見えない「上下関係」が成立している。自分が行動するときには、相手との位置関係をよく理解しておいたほうがよい。意外感を出す戦略は、ごくわずかであっても自分が「上」に立っているときでないと効果を発揮しないからだ。

私たちは、無意識かもしれないが、外見だけでほとんどの印象を決めてしまっている。しかも、自分は中身で相手を判断していると思っている。初対面で有利な立場に立つためには、外見の印象は極めて重要である。服装やアクセサリーは馬鹿にできないのだ。

5 お金持ちにはケチが多い?

お金持ちはケチだとよく言われる。たしかにそれは本当だ。多くのお金持ちが無駄なお金を使わないが、何でも出費を抑えているわけではない。使うべきところには使っている。お金持ちは、どこに金を使うべきかという感覚がふつうの人とは異なっているので、ある部分が一般人から見たらドケチに見えるだけなのだ。

1ドルの割引券を探すビル・ゲイツ

14兆円を超える途方もない資産を持つマイクロソフト元会長のビル・ゲイツ氏が、ポケットに入っているはずなのに見つからない1ドルの割引券を探すために、何分も他の客をカウンターで待たせた話は有名だ。自分が必要ないと思ったものへの出費には、絶対に首を縦には振らない典型例だ。

お金持ちは **食事** ＝ **投資** と考える

- 情報を得る手段
- 人を紹介してもらう
- 会うべき人を選別している

筆者の知り合いに、ハワイの高級コンドミニアムを所有する女性資産家がいる。ネットショッピングをした際に、サイト側の手違いで2倍のポイントが付かなかったことに対し、1時間猛烈に抗議したというのだ。資産家にとって2倍のポイントなど必要ないように思えるが、彼女は「ポイントが2倍だったから買ったの。そうじゃなければ買う価値がない商品よ」と答えた。

お金持ちは食事代をケチらない

一方、お金持ちには人におごりたがる人が圧倒的に多い。もちろん、お金を持っていることを見せびらかしたいという欲望もあるだろう。だがそれだけではない。多くのお金持ちにとって食事や飲み会は投資なのだ。

親のお金を相続するのではなく、ゼロからお金持ちになるためには、投資や事業など何らかのリスクを取る必要がある。食事や飲み会では意外と重要な情報が得られることが多い。接待など仕事に直結していない会合のほうが、変な打算がないのでなおさらだ。だからお金持ちは食事を重視する。

筆者の知人である40代の女性は、一生懸命貯めたお金を頭金にローンを組んで、アパートの1棟買いをした。その後、次々に物件を購入し、今ではかなりの大家さんとなっている。彼女はアパート経営を始めるにあたって、知人友人のツテをたどり、飲み会を何回も企画した。そのなかで、実家や親類が土地持ちでアパートを経営している人をそれとなく聞き出し、その後は直接アポイントを取って一気に話を聞いた。

アパート経営の実態を聞かせてほしいという突然の依頼に、多くの人が躊躇したらしいが、熱心に口説いたところ、多くの人が会って食事をすることをＯＫしてくれたという。

しかも、食事の効用なのかはわからないが、多くの大家さんが細かい利益の数字までオープンに聞かせてくれたというから驚きだ。

食事代には何十万円も使ったそうだが、彼女に言わせれば「経験のないことにチャレンジするのに情報は必須。数千万円のチャレンジをするにあたって、経験者の情報が数十万で手に入るならタダみたいなもの」という。まさにその通りである。

食事が投資なのはわかったが、せっかく食事をしても無駄になることが多いのでは？ある実業家Ｋ氏のコメントを紹介しよう。

筆者「たくさん食事や飲み会をしても、無駄になることが多いのではないですか？」

Ｋ氏「そうですね。飲み会の８割が無駄になります」

筆者「８割への出費は無駄と諦めるのですか？」

Ｋ氏「とんでもない！　その人には今後会う価値がないとわかることは大きな収穫です」

お金持ちは気前よく食事代を出す。もし一緒に食事をした相手にがっかりしたとしても笑顔でおごってくれる。だがお金持ちは、その相手と食事を共にすることは二度とないだろう。要するに、そういうことなのだ。

6

お金持ちは人に感謝しない

お金持ちは人に感謝することがない。それは、お金持ちが自分勝手で人に感謝しないという意味ではない。お金持ちが他人に報いる場合には、「感謝」ではなく「お礼」をするのだ。

お金持ちが「感謝」するのは、「天賦の才能」「健康な体」「成功をもたらした環境」などに対して。直接的にお礼をすることができないものには、感謝の心を表すのである。

資産家でかつては政治家だったこともある糸山英太郎氏（会社の乗っ取りでも有名）は、昔ある証券マンからインターネットによる株取引のやり方を教えてもらった。その証券マンの会社では、まだネット取引のサービスは始まっていなかった。しかし、彼は勉強と情報収集のために他社に口座を開き、学んでいたのだ。糸山氏はネットの大きな可能性を即

「感謝」は
タダでもできる

「お礼」は身銭を
切らないとできない

座に感じ取り、その後の事業活動に生かしたという。

しかし、糸山氏はその証券マンに「感謝」しなかった。その代わりに「お礼」をしたのである。数億円の取引をポンと発注したのだ。彼が伝説的なトップ営業マンになったのは言うまでもない。

「お礼」とは身銭を切ること

「お礼」をするということは、身銭を切るということだ。そのため、本当に貢献してくれた人にしかできるものではない。

ただ「お礼」はおろか、「感謝」の言葉さえ他人にかけることができない人が多いため、「感謝」されただけで舞い上がって喜んでしまう人がたくさんいるのも事実。こうして「感謝するのはタダ」という格言が生まれることになる。

○○社長からすごく感謝されちゃいました!!
それは残念やったな
えっ!!
どうしてですか?
○○社長ともあろう人が感謝だけなんておかしいやろ?
それは相手がお礼をしたくなるほど貢献してないちゅうことや。もっとがんばりや。
すっかりまいあがってました
ガクッ

したがって、お金持ちから「感謝」の言葉をかけられたら、半分は冷静に受け止めるべきだ。「感謝」されたのか「お礼」をされたのかの違いは大きい。自分は他人からお礼されるだけのことをしているのか、常に考えたほうがよい。

7
お金持ちに学ぶ見栄の張り方

お金持ちそうに見える人が本当にお金持ちとは限らない。お金持ちのフリをしている人がいるからだ。その中には、お金持ちだったが現在は金欠状態にあり、それを悟られないようにしている人もいる。

世の中は常に動いており、チャンスはいつめぐってくるかわからない。厳しい状況下では、お金がないと悟られないことも、お金持ちになるための重要な秘訣なのである。

お金に困っているという噂が立ったら最後

広告関係の会社を経営しているWさんは、かつて本当の大金持ちだった。設立した会社で取り扱った広告が大当たりし、一時は年収が10億円を超えていた。だが最近は会社の業績が低迷し、運転資金にも事欠くようになっている。Wさんの自宅は会社名義のため、会

お金持ちのフリの効果

人の噂対策
次のチャンスを待てる
人が集まる
ポジティブになる
情報が集まる

社が倒れてしまうと家も失ってしまう。だが彼は、見かけの生活スタイルをまったく変えていない。ベントレーに乗り、高級店で食事をしている。本当にお金があった時期を忘れられないのではなく、理由はもっと現実的なものらしい。

「広告業界はある種〝虚業〟なので、人の噂が重要です。あの人は落ちぶれたと噂されたら、それだけで仕事がなくなります。危険なことはわかっていますが、やむを得ません」

たしかに、Wさんのもとには彼を慕う業界の人がいつも集まっている。人が集まると情報も集まってくるので、Wさんにとっては生活スタイルを変えることは本当に命取りになるのかもしれない。それに、お金持ちらしく振る舞っていると、自然とポジティブな気持ちになってくるのだという。実際、Wさんは何とかこの状態を保つことに成功しており、次のチャンスをじっと待っている。

ダンディ俳優岡田眞澄の覚悟

俳優の故・岡田眞澄氏は、一時期、経済的にかなり困窮し、日々の生活費にも困る状態だったという。だが、ダンディでゴージャスなイメージを壊すわけにはいかず、そのことをひたすら隠していた。

東京・日比谷の日生劇場で行われる舞台に招待されると、岡田氏は家族で出かけた。ボロボロの中古車に乗り、劇場の向かいにある帝国ホテルの地下駐車場に車を停める。ホテルの地下駐車場を利用するのは、ボロボロの中古車に乗っていることを業界関係者に悟られないようにするためだ。

観劇が終わり、劇場で会った顔見知りの業界人とひとしきり会話をする。もし食事などに誘われたら大変だ。食事に行ったり、ましてや人におごったりする金などない。このとき家族と一緒にいることが効果を発揮する。食事に誘われても「今日は家族と帝国ホテルで食事なので失礼します」と言って誘いを断り、悠々と帝国ホテルに向かう。そしてその

ダンディーでゴージャスなイメージを保つのも大変だよ….
ほんまに大変そうや…
借物

まま地下の駐車場に行き、目立たないように帰路に就くのだ。

懐が苦しいのに見栄を張るようなマネはしたくない、と思う人も多いかもしれない。だが、高級ブランドや自動車など、お金持ちの「記号」となっているものを身にまとうことで、周囲の対応が変わるという現象は、実際に起こり得るものなのだ。また、岡田氏やWさんは、見栄を張ることでそれをパワーにすることができている。岡田氏が途中でくじけていたら、ダンディなイメージのまま一生を終えることはできなかっただろう。

程度の問題はあるが、ある程度お金があっ

て余裕があるという雰囲気を漂わせていることには、かなりのプラス効果がありそうだ。古くは「馬子にも衣装」（つまらぬ者でも外見を飾れば立派に見えることのたとえ）ということわざもある。ごくふつうの人でも、ある程度身なりには気を遣い、多少の見栄は張ったほうがよさそうである。

Column

お金持ちは靴と時計を見ればわかるのか？

「お金持ちは靴と時計を見ればわかる」という話があるが、これは本当だろうか？

筆者は、この説を確かめるべく、お金持ちたちにインタビューするときには、必ず靴と時計にお金をかけているかを聞くようにしてきた。結果、この説は半分当たっていて半分ははずれていた。靴にお金をかけている人は半分程度だったが、時計にはほとんどの人がお金をかけていたのである。

時計については、以下のような肯定的な理由が並んだ。「一生モノなのでお金をかける価値がある」「いい時計をしていると自分に自信がでてくる」という答えがある一方、「人が時計をチェックするから」という現実的な回答もあった。

筆者は多くの人が時計をチェックするという説を確かめるため、実験してみた。高級時計をはめ、イタリア製の高級靴を履いて人に会ったときに、相手が靴や時計をチェックするのか確かめてみたのである。
結果は、時計チェックは圧倒的であった。かなりの割合の人が筆者の時計をチラ見している。だが、靴はその反対でサッパリだ。

要するにお金持ちは時計を見ればわかるのではなく、多くの人が相手をお金持ちと判断する材料が時計なのだ。靴があまりその対象とならないのは、おそらく目線が下になり見にくいのとブランドがすぐに判別できないからと思われる。

高級時計をすればお金持ちに見られるのであれば、みんな高い時計をすればよいのだし、極端な話、偽物でもOKということになる。周囲からお金持ちに見られたければ、まず時計にお金をかけるのは効率がよい投資と言えそうだ。
自分がお金持ちであるという気持ちを持つことは大事である。そのための投資と思えば高級時計も安いものかもしれない。

「靴は減るものなのでお金をかけたくない」という回答が多い中、靴にお金をかけている

U氏に聞いてみた。「靴にお金をかけてもあまり投資対効果がないのでは？」という筆者の貧乏人根性丸出しの質問に、U氏はおだやかに笑って答えた。

「僕は靴の他に、自宅で飲むワインにもお金をかけています。ワインは飲んでなくなるものでしょ？　靴も高いものを履いていても誰も気がつかない。そんな無駄なものにお金をかけられるのは最大の贅沢だから」

なるほど。そういうことだそうだ。

第４章

どうすれば
お金持ちになれるのか？

1 お金持ちになりたければ都心に住め

住む場所とお金持ち度合いには密接な関係がある。お金持ちは都心など利便性の高いところに住んでいる割合が高いし、筆者が取材したお金持ちの多くが、お金持ちになるための秘訣として、都心に住むことをあげている。

電車での読書は時間の有効活用ではなかった

外資系企業に勤務するH氏は、10年ほど前から都心のタワーマンションに住んでいる。「通勤時間が往復で1時間30分圧縮されました。年間400時間です」。以前は通勤時間には常に読書をしており、自分としては通勤時間を有効活用しているつもりだったという。「『電車の車内は書斎だ！』なんて言っていましたが、まるで間違いであることに気づきました。都心に住むようになって、買う本の量がぐっと減りました。今までは、必要のない

都心に住む
メリット
ビジネスインフラへの
アクセス
通勤時間の短縮
仕事につながる人間関係
時間に対する価値観が変化

本まで大量に買い込んでいたわけです」

翻訳会社を経営するある資産家は、都心に住み始めたことで、飲みに行く回数が減ったという。「不思議なもので、いつでも行けると思うと行かなくなるんですよ」

これらは地方都市でも同じだ。自家用車で移動することが必須となる郊外の住まいと、市の中心部では、時間に対する価値観が大きく変わる。

フリーランスで仕事をする人であれば、都心に住むことはさらに大きなメリットをもたらす。ビジネスインフラに簡単にアクセスできるだけでなく、仕事のつながりを都心にいたほうが得やすいからだ。事務的な連絡がネットで済ませられるようになった

あれ？
田舎暮らし
はじめたのに
元気ないなぁ…
ピョ〜ン
実は…
げっそり
夜中に家を
出て
朝、東京で
ミーティング
また深夜に家に戻る
こんな生活で
疲れきって…。
ガソリン代も
すごいことに…。
お金持ちの皆さんが
声をそろえて言うのは
『都心に住め』
なんやで
えっ!!
まだ
浮いてる
お金があるから
都心に住める
と考えるうちは
ダメやで〜
お金持ちに
なるために
都心に
住む!!
ほ〜
と考えるんやで〜〜

ことで、逆に距離が近くないと、より密な人間関係を構築できなくなっているのだ。

「お金があるから都心に住めるのでは」と思う人もいるだろう。だがお金持ちに言わせれば、お金持ちになろうという人こそ都心に住むべきだという。多少の出費は覚悟しても都心に住む。考える価値はありそうだ。

コロナ危機以降は、テレワークによって住む場所の自由度が増したと言われているが、一方でコロナ危機をきっかけに都心マンションの売れ行きが好調となり、価格も上がっていると言われる。利便性の高い場所へのニーズはコロナでも変わっていないと思われる。

2 いつもお金の話をすることの有効性

ただ黙って座っているだけではお金持ちにはなれない。できるだけ多くのチャンスに触れておく必要がある。そのためには、いつもお金の話をすることが重要だ。お金持ちになった人の多くが、お金に関する話題を積極的に取り上げ、チャンスに結びつけている。

お金に結びつくのは20回に1回

日本ではお金に対する嫌悪感が強く（実は、お金に執着心があることの裏返しなのだが）、お金に関する話題を切り出すことがためらわれる雰囲気がある。だが、そんなことを言っていてはチャンスを摑むことは難しいだろう。ビジネスチャンスや投資チャンスの話を耳にしたとしても、本当にお金に結びつくケースは20回に1回くらいしかない。「20回に1回」というのは適当な数字ではない。筆者がお金持ちになった人にインタビューし

たなかで、何回くらい試行錯誤するとうまくいくプロジェクトを見つけられるか、という質問に対する平均的な回答である。とにかく数を打ってみることが重要なのだ。

お金に関する話題に多く触れるためには

お金に関する話題に多く触れるためのコツは簡単である。自分がお金の話ばかりすればよいのだ。

もし相手がお金儲けに興味があったり、何かのネタを持っている場合には、すぐに心を開いていろいろと話をしてくるだろう。相手がそれに食いついてこなければ、お金儲けに関するネタを持っていないか、あっても絶対に他人には話すことのない人である。相手がどちらであっても、話をする気がない人は、どのみちあなたにとって有益な人ではない。

ところで、お金儲けの話ばかりしていると嫌な顔をされることもある。それに対しては割り切りが必要だ。お金儲けの話を嫌悪する人のほとんどは、お金を持っていない。したがって、お金儲けをしようと思っているあなたには何のメリットももたらさない人物である可能性が高い。

このようにして積極的にお金の話をすることで、お金に縁のない人を排除し、お金に関係のある人だけを選別することができる。お金に対して露骨に嫌な顔をする人には、むしろ感謝すべきなのだ。お金儲けに関するよい情報を持っているかどうかを見極めるために、余分な時間を使わなくて済む。

まずは積極的に話し、そしてスクリーニングする

ただし、真偽を確認する必要はある。お金の話をよろこぶ人がお金儲けがうまいとは限らないし、タチの悪いネットワークビジネスなどにはめられては大変だ。

ただ、他人の儲け話の真偽を確かめることは、それほど難しいことではない。まず、本

「お金の話」ここに注意！

お金儲けの話を
嫌悪する
儲けた話だけで
肝心な部分を
明かさない
お金を持って
いない人
それほど儲けていない
or
情報を出す気がない

当に儲けている場合は、包み隠さず正直にしゃべることが多い。自分からは詳細を明かさなくても、こちらから質問すると案外気軽に答えてくれたりする。内容が詳しくて具体的な場合には、その情報は信用してよいだろう。

儲けた話は積極的にするのに、肝心な部分を明かさない人は、実際にはそれほど儲かっていない可能性が高い。だがこのようなケースでは、仮に話が本当だったとしても、本人が情報を出す気がない可能性が高く、結果は同じだ。せっかくお金の話を積極的にしても、自分にとって意味のない人とばかり会っていては時間の無駄である。

お金の話を積極的にすることがチャンスを得る最初のステップなのだとすると、お金の話に食いついてきた人のなかから自分にメリットのある人をスクリーニングするのが次のステップである。場数を踏んでいけば、より効率よくスクリーニングすることができるようになる。

3 人に興味がある人、モノに興味がある人

同じテーマに興味がある場合でも、その興味の持ち方は人によって異なる。興味や関心の持ち方は、人の行動パターンに大きな影響を与えるため、興味の持ち方とお金持ちのなりやすさには密接な関係があるのだ。

人が好きか、モノや仕組みが好きか

興味の持ち方について分類する際に、人とモノで区分する方法がある。要するに、人物に対して興味を持つ人なのか、モノや仕組みに対して興味を持つ人なのかという違いである。

たとえば、楽天という会社に興味があると仮定しよう。人物に対して興味がある人は、まず創業者である三木谷浩史氏がどのような人物なのかに関心が集中する。

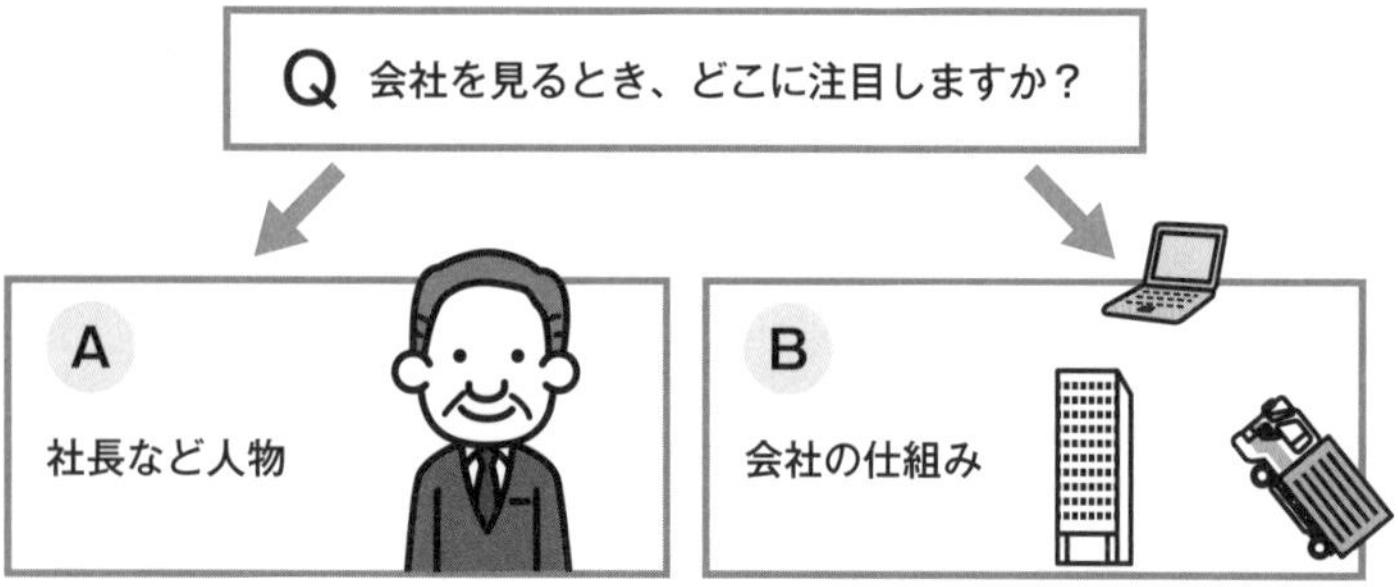
Q 会社を見るとき、どこに注目しますか？
A
社長など人物
B
会社の仕組み

お金持ち脳は…

B 仕組みに注目することで、その「普遍化」を考えるように。それを自分の事業に応用するというサイクルができるから。

一方、モノや仕組みに対して興味がある人は、楽天というビジネスモデルや楽天という会社の仕組み、戦略などに興味を持つ。極端なことを言うと、三木谷氏の人物像はどうでもよい。

モノに興味があるほうがお金儲けには有利

お金持ちになるという観点からいうと、モノや仕組みに関心のある人のほうが有利だ。

モノや仕組みに対する興味は、一種の相対化である。対象から一定の距離を置いて、冷静に対象物を見ることになる。お金持ちになるための最短コースは、やはりお金を儲けるための仕組みを作り出すことだ。好きこそものの上手なれとよく言うが、お金持ちになるための「仕組

アメリカで 何を 学べば いいですか？
17才の 孫くん
孫 正義氏（ソフトバンク社長）
そこで 運命を変える アドバイスを もらった!!
コンピューター を 学んでおいで
はぁ〜〜。「人に注目」しちゃいました
それも 悪くないで
えっ？
高校生やった 孫くんは、日本にマクドナルドを持ってきた 藤田田氏に会いたくて アポなしで 飛びこんだんや
要は バランスや。今まで 自分が 注目してなかった方に注目していけば ええんや
ボクの懐に とびこんでも ええんやで〜♥
ほらほら
ボクは 仕組みを 学んで きます〜
スタスタ
こんなふうに 飛躍する人は 自分を引き上げてくれた恩人が いることが 多いんや
人の懐に 飛びこめるか どうか、ということですね

み」そのものに関心が高いことは、それだけでも大きなアドバンテージなのである。

もし仕組みに対して興味があるとすると、今度は仕組みの普遍化に関心が向く。お金儲けの仕組みを普遍化できれば、今度は別の事業や投資にも応用が利くようになり、お金儲けのサイクルができてくる。

4 安心ではなく安全を望め

最近日本では「安心・安全」というキーワードが氾濫している。東日本大震災以降、その傾向がさらに顕著になっている。このキーワードがどのように心の琴線に触れるかで、お金持ちになりやすいかどうかがわかるのだ。

なぜ「安心」が必要なのか

そもそも「安心・安全」という言葉はおかしい。安全であれば安心なはずだ。安全は安心を担保するが、安心は安全を担保するわけではない。

このキーワードの氾濫には2つの背景があると考えられる。ひとつは、商品やサービスの提供者側が持っている不安や後ろめたさである。「安全」であることに完全にコミットしてしまうと、もし本当に安全ではなかった場合に責任を取らされるのではないか、という不安が生じる。結果的に「安心」という、よりあいまいな表現を強調することになる。

もうひとつは、商品・サービスの購入者側に、物理的な安全よりも精神的な安心のほうを強く望む心理が働いていることだ。原発事故などでより明確になったが、日本人の多くは、実際に安全かどうかよりも、当局など権威のある人に「大丈夫ですよ」と言ってもらいたい、という依存心理が強く働いているようである。

安心を求める人が多いと、大きなチャンスが生まれる

安全よりも安心を望む人が多いと、リスクが過大に評価され、機会が過小評価される傾向が強くなってくる。本当は安全なのに「安心」というお墨付きがないばかりに誰も手を出さない、という機会損失があちこちに存在しているのだ。特に投資の世界では、多くの人がパニックを起こしているときには、チャンスがゴロゴロと転がっている。

2003年に金融危機が起こりそうになった際、メガバンクの株価が50円を下回るケースが出た。その後、信用不安が治まると株価は簡単に5倍から10倍に跳ね上がった。

銀座のある画廊のオーナーは、紙くず同然の銀行株を見て「メガバンクがこのままつぶれてしまうようなら日本はおしまいだ。もしそうなったら、かえって諦めがつく」と考え

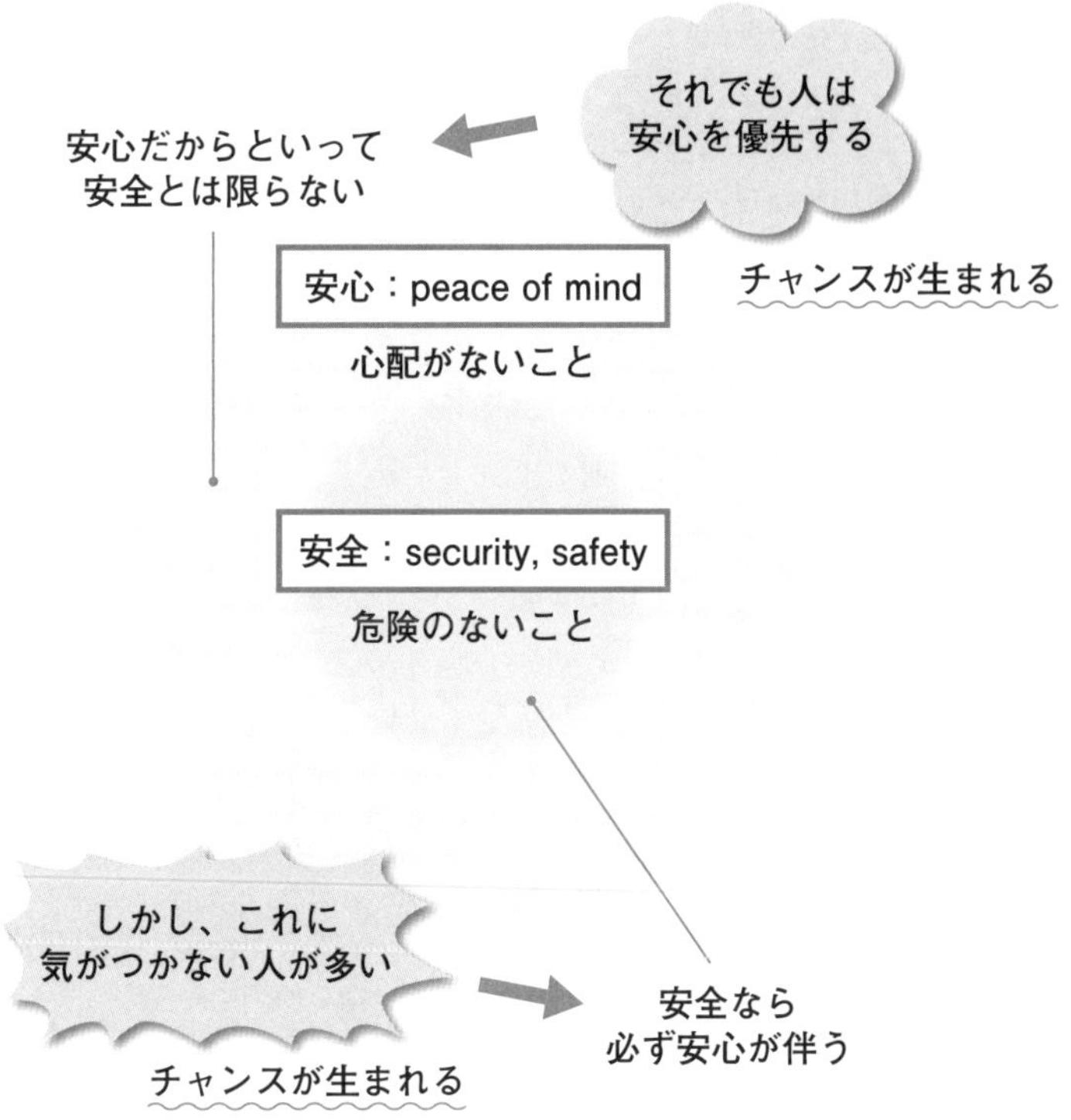
それでも人は
安心を優先する
安心だからといって
安全とは限らない
安心：peace of mind
心配がないこと
チャンスが生まれる
安全：security, safety
危険のないこと
しかし、これに
気がつかない人が多い
チャンスが生まれる
安全なら
必ず安心が伴う

た。手持ちの資金をすべてみずほ銀行に投資し、半年で１００億円の資産を作ったと言われている。

これとは逆に、大して安全でなくても安心させる仕組みさえあれば、割高な料金で商品やサービスを購入する人が多いことも示している。実際、品質が悪くても「有名な○○社が採用している」といった理由で採用される商品やサービスが実に多い。これは購買する側が高いお金を払ってでも「安心」を買うためである。

もっとも安全なビジネスとは？

要するに、お金を使う側であれば、「安心」のお墨付きがないばかりに激安で放置されているものを購入すればよい。お金を稼ぐ側であれば、割安のものに「安心」を担保することで高い利益を乗せて販売すればよいわけだ。

「安心」を求めてしまう人は、「安心プレミアム」のついた高い商品やサービスを購入し、可処分所得を減らしてしまう可能性がある。さらに「安心プレミアム」の仕組みが理解できないので、お金を稼ぐ側にもなれない。

事業や投資という大きな話でなくても、保険、自動車、食品など、身の回りには「安心」をうたう商品やサービスが氾濫している。本当にその「安心」は必要なのか、もう一度確認してみたほうがよいだろう。

もし「安全」というキーワードに強く惹かれるようであれば、お金を稼ぐ側に回れる可能性が高い。顧客には「安心」をうたい、「安心プレミアム」のついた高い商品を販売することが、もっとも「安全」なビジネスなのである。

5 リスクはどこかで必ず取らなければならない

お金持ちになるためには、どこかで何らかのリスクを取らなければならない。不動産を相続した人であっても、何らかの収益施設を作った段階で事業リスクを負う。ましてや、お金のない状態からお金持ちになろうという場合には、それなりのリスクを覚悟する必要がある。

儲けるためには集中投資も必要

世の中では、リスク分散が絶対的に正しいことのように言われているが、そうではない。以前、株式投資にチャレンジしようとしている人に対して、少ない銘柄に集中して投資するようアドバイスしたことがある。その投資家は、元手が５００万円。数年で2倍から3倍にしたい、という強い希望を持っていた。そのためには、かなりのリスクを取らなけ

ポートフォリオ理論とは？ → 投資の対象を分散すること。

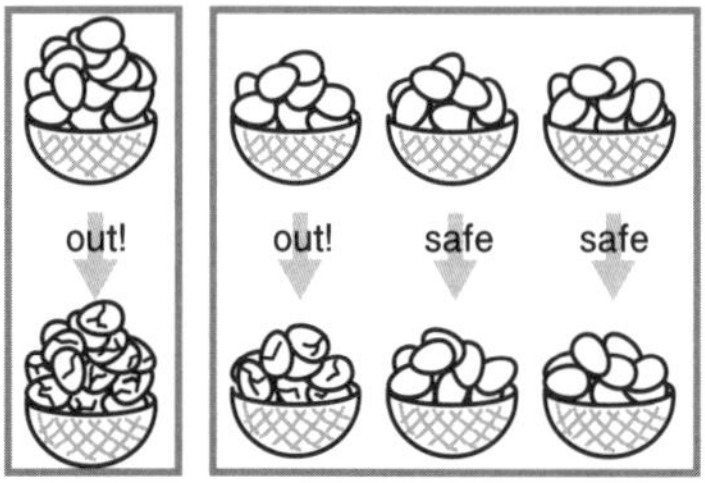

「卵をひとつのかごに盛っていると、何かがあったとき危険なので、分けて盛りましょう」ということ。つまり投資先を分散せよということ。

ればならないし、元手がゼロになってしまう可能性がある。だがそれでもチャレンジしてみたいという。株式の平均的リターンは6%くらい。だが急上昇が期待できる銘柄に集中投資すれば、リスクはあるが2〜3倍も夢ではない。

ここで文句を言ってきたのが、ファイナンシャルプランナーの資格を持つH氏であった。ポートフォリオ理論に基づいて分散投資をしなければ危険だと彼は言う。自分もリスクとリターンを計算してポートフォリオを組んでいると。

筆者は異なる考えの人に対しても、きちんと論理が通っていれば、意見そのものには敬意を払う主義だ。だがこのときは、H氏の自説が正しいという上から目線の姿勢が目に余ったので、厳しく指摘した。

分散して、インフレーション、デフレーションに備える

インフレ（ーション）	お金の価値が下がり、 モノ（株式・土地など）の価値が上がる。
デフレ（ーション）	お金の価値が上がり、 モノ（株式・土地など）の価値が下がる。

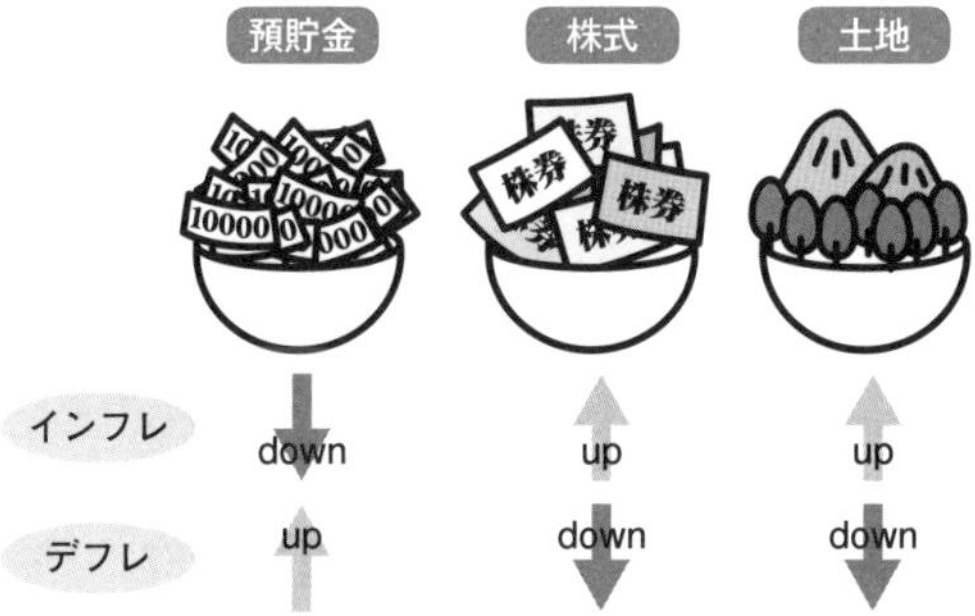
預貯金
株式
土地
インフレ
デフレ
down
up
up
up
down
down

筆者「分散投資が重要なことはわかっています。ところであなたは、いくら投資しているのですか？」

H氏「そんなに、多くはないです」

筆者「金額が問題なんですよ。ちなみに私は1億円を運用しています」

H氏「いや、私はそれほどは……」

筆者「ポートフォリオを気にされるのですから、5000万ってことはないですよね？」

H氏「……」

　H氏の運用金額は約1000万円だそうである。100万円を株式で、しかもリ

スク・リターンを計算するといった相当の手間をかけて運用し、数％のリターンを得て、彼は何をしようというのだろうか？　その程度のリターンでよいなら、私なら迷わず定期預金に預ける。

ポートフォリオはお金持ちのための理論

H氏はリスクの意味も、ポートフォリオの意味もわかっていない。ポートフォリオを組んで意味があるのは、億単位以上のお金を運用する投資家だけである。このクラスの人にとって大切なのは、資金をなくさないことと、インフレで価値が目減りしないことだ。このため、数％のリターンを常に確保し、個別銘柄の影響をできるだけ受けないようにするためにポートフォリオを構築する。

3億円のお金を銀行預金にしてしまうと、定期でも100万円から150万円くらいにしかならない。しかし、5％で運用すれば、毎年1500万円の収入になる。それだけで十分に暮らしていける額だ。つまり、このクラスの投資家にとって、お金をできるだけ減らさず、5％で運用することは、とてつもなく大事なことなのだ。

だが100万円の投資家はどうだろうか？　100万円を5％で運用して5万円のリタ

ーンが毎年得られることと、定期預金に預けて年数千円のリターンを得ることが、天と地ほど違うことだろうか？

本気で儲けようと思うのなら、時には集中投資も必要である。先の彼は、2倍、3倍にしたいという明確な目標を持っていた。その後、彼は1・5倍には増やすことができ、それを元手にサイドビジネスを始めた。彼なら事業であれ投資であれ、十分に正しい決断を下していけるだろう。

6
株で儲けた人は、どんな投資をしているのか？

少額しか投資できない人が株式で大きな資産を築くためには、どのような投資をすればよいのだろうか？

株式投資の世界では8割の人が負けている、と言われる。残念ながらその話は本当である。圧倒的に負ける人が多いのはギャンブルと同じで、負けが込んでくるとさらに負けるような投資をしてしまうからだ。

勝ち続けることは難しい

たとえ「勝った」としても、「勝ち続ける」人は本当に少ない。相場は日々刻々と変わる。しばらく通用した手法も、半年、1年経つと相場が変化して使えなくなることも多い。

コンピュータのプログラムにしたがって機械的に売買するシステムトレードでもそれは同

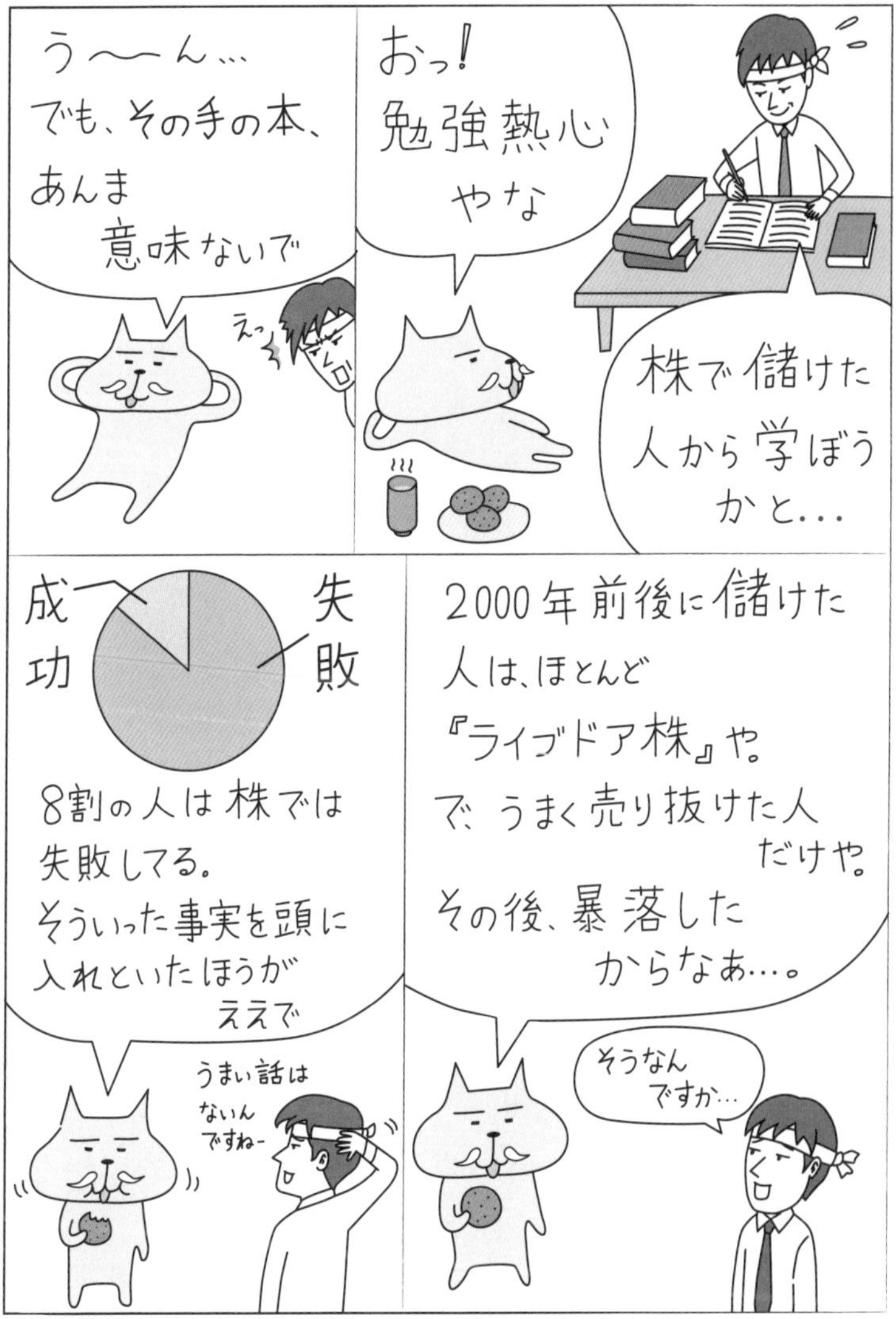
う〜〜ん…
でも、その手の本、あんま意味ないで
えっ
おっ！勉強熱心やな
株で儲けた人から学ぼうかと…
成功
失敗
8割の人は株では失敗してる。そういった事実を頭に入れといたほうがええで
うまい話はないんですね〜
2000年前後に儲けた人は、ほとんど『ライブドア株』や。で、うまく売り抜けた人だけや。その後、暴落したからなあ…。
そうなんですか…

じだ。ひとつのアルゴリズムが有効な期間はそれほど長くない。

筆者はかつて金融業界にいたのでよくわかるが、証券会社の営業マンが抱えている顧客の平均的な寿命は1年。つまり、よい顧客を見つけても、ほとんどが1年以内に落ちぶれてしまうのだ。

投資で成功した人が語りたがらないこと

このような厳しい競争を勝ち抜いた投資家であっても、実際にはいろいろと裏がある。多くの成功した投資家が語りたがらないことのひとつに、特定銘柄への集中というものがある。

ネットバブル全盛期の2000年前後に株式投資で資産を大きく増やした人の多くが、ライブドア株へ投資していた。ライブドア株は一時期、分割を考慮すると数百倍に値上がりしていたからだ。しかしノウハウ本を書くときに、「資産の多くはライブドアだけで稼ぎました」とは言いにくいため、あまり知られていないのかもしれない。

結局のところ、短期的に巨万の富を築くためには、運に恵まれるか、高いリスクを取るのかの二択となる。当然だが、リスクを取った場合には失敗した時の損失も大きくなる。

過度なリスクを取らず、運とは関係なく資産を構築するためには、長期投資で取り組む必要があるが、そのためには相当な根気が必要となる。だが時間を味方につけても、安定的な銘柄ばかりでは平均的なリターンは得られない。当たり前のことだが、人よりも大きな富を得ようと思ったら、何らかの形で高いリスクを取ることは必須となるのだ。

7

見た目よりずっと大変な不動産投資

不動産投資はとにかく実物を見なければ話にならない。その場所に行けば、その不動産が優良かどうかは一目でわかる。不動産投資家の中には、すぐに実物を見に行けるよう、近くの物件に限定している人も多い。ある不動産投資家は、東京都心部の物件に限定して購入しているが、その理由はすぐに見に行けることと、賃貸のニーズが今後も減少しない可能性が高いからだという。当然のことながらこうした物件の価格は高いが、彼に言わせれば、ニーズが下がらず価値が維持され、すぐにチェックできることの方が圧倒的に重要だという。

不動産投資は楽そうに見えるが、実際には見た目よりもずっと大変だ。ダメ物件をつかんでしまったら即アウト、という厳しい世界である。いい物件を見つけるためには、ものすごい数の物件を見なければならない。不動産会社の営業マンが持ち込んでくる物件は1

不動産投資において重要なこと

① 数多くの物件を探す
② 必ず物件を見に行く
③ 良いと思ったらすぐに決断する
④ ①〜③を徹底的に続ける

00件、200件にもなるが、その中に1件いいものがあればマシなのだ。そして、そのいい物件も早い者勝ち。すぐに決めないと他の誰かが持っていってしまう。

これが続くとさすがに疲れてくる。ここで忙しさにかまけたり、マメでなかったりすると、物件を見ずにチラシだけで済ませてしまうパターンに陥りがちである。だが、ここに落とし穴が潜んでいる。やっぱり物件は、実際に現地で見ないとわからないのだ。

良い物件を確保するためにはかなりの覚悟とマメさが必要であり、「何としても儲けてやる！」という執念がなければ続かないだろう。

これができれば半分お金持ちになったも同然

自分の目で確かめる。これは多くのお金持ちに共通のポリシーだ。自分の目で確かめ、自分で定めた基準に合わないと絶対にモノを買わない、というタイプの人がかなり多い。

こう書くと、「物件を見て不動産を買うなんて当然でしょ？」と思う人がいるかもしれない。だが、実際には物件を見ずに買う人は少なくない。

たとえば新築マンションの多くは、建物ができる前に契約を済ませてしまう。つまり、モデルルームだけを見て買う人がほとんどなのだ。

マンションなら自分で住む家なので、多少イメージと違っても、いろいろと工夫したりして、何とか折り合いをつけられるだろう。だが投資用の不動産は、当初予定していたイメージと異なれば、即、利益（損失）に直結してしまう。ローンを組んで投資しているのであれば、下手すれば破産だ。

どんなに忙しくても、大変でも、明確なポリシーを持ち、それをブレずに保ち続けることは、実はかなり大変なことなのだ。逆に言うと、これが本当に実行できるなら、どんな分野であれ、お金持ちへのパスポートは半分手にしたも同然である。

8

2021年、今何に投資をするべきか

新型コロナウイルスの感染拡大で世界経済の仕組みが大きく変わろうとしている。コロナ危機の発生は、これまで10~15年かかると思われていた変化が数年に短縮されるという効果をもたらしており、時代の進みは一気に加速すると考えた方がよい。

本書でも述べたように、投資で巨万の富を築くためには高いリスクを取らなければならない。だが多くの人にとってそこまでのリスクを引き受ける覚悟はないだろうし、筆者もそうした投資はあまり推奨しない。ごく普通の人間がそれなりの資産を形成するための王道は、やはり株式の長期投資ということになるだろう。株式投資には当然、リスクがあるが、やはりリスクを取らないと資産は作れないというのも絶対的な原理原則であり、この法則から誰も逃れることはできない。ただ、長期投資を行い時間を味方につけることができれば、投資対象を優良銘柄に絞ることができるので、その点ではリスクを軽減できる。

筆者自身も20年以上の時間をかけて相応の資産を作った。投資を継続し、毎年コツコツと投資残高を積み上げていくしか方法はない。

２０２１年以降の株式投資という点で注意が必要なのは、投資する市場である。米国はコロナ危機をきっかけに、経済対策と次世代産業の育成を兼ねて歴史的な水準の財政出動を行っている。紆余曲折はあるだろうが、米国は人口も順調に増えているので、今後、長期にわたって成長が続き、株価もそれに伴って上昇していくだろう。

一方、日本は人口減少が急激に進むことに加え、ＡＩ（人工知能）や脱炭素などの次世代投資には消極的である。このままの政策が続いた場合、日本のＧＤＰは横ばいか微増にしかならない可能性が高い。長期的に見た場合、株価というのはＧＤＰに比例するので、日本株だけに投資をするのは危険だと筆者は考える。

投資先は分散した方がよいので、主力の投資対象は米国の優良企業とし、日本企業の優先順位は下げた方がよいだろう。中国も高い経済成長が見込めるが、市場の不透明性が高く、米国市場と同じ扱いにはできない。米国企業、グローバルなビジネスを行っている日本企業、中国企業の順で投資先を選別するのが望ましい。

不動産や金などへの投資を検討している人もいるかもしれないが、日本は人口減少が進むので、不動産は今後、余剰となる可能性が高い。どうしても不動産に投資をしたいのであれば、都市部など利便性の高い物件に限定すべきである。いくら価格が安くても、郊外の物件は売却できないリスクがあるので避けた方がよい。実物不動産よりも優良不動産を証券化したＲＥＩＴ（不動産投資信託）の方が、安定的に運用でき、かつ高い利回りが得られるだろう。

金は持っていても利子や配当を生まないので、あまりお勧めできる投資商品とは言えない。富裕層はたいてい金を保有しているが、その理由は、インフレが発生した時には金を持っているとリスクヘッジになるからである。もしインフレを気にしているのなら、ポートフォリオの一部を金にするという選択肢はアリかもしれないが、あくまでも目的はインフレによる損失の回避である。金を主力の投資先にすることはリスクが大きいので避けた方がよいだろう。

同様に、インフレを気にしているのであれば債券も避けた方が無難だ。インフレ時に現金と債券を持っていると損失を抱えてしまうので、物価が上昇するようなら債券と現金は御法度である。日本ではデフレが続くと信じている人が多数派だが、お金持ちはインフレを警戒していることが多い。筆者もこの先、インフレが進む可能性は高いと予想している。

9 お金持ちになりたければ、早く動き出せ

「お金持ち脳」の年齢制限は一般に30代前半と言われている。それ以降になると頭が固くなり、新しい発想を受け付けなくなるからだ。これは多くのお金持ちが証言している。

大切なのは20代の過ごし方である。半数以上の人は、何らかの形で会社などの組織に入って働くことになる。社会人になりたての頃は、学生時代と違って何かと理不尽に思えることも多いが、この時期が、お金持ち脳を作る上で非常に大事である。理不尽さやつまらなさの感覚をどこまで持続し、それを打開するための行動に結び付けられるかで、その後の人生は決まる。

ほとんどの人は数年のうちに、社会人になりたての頃の反抗的な意識を徐々に忘れ、従順なサラリーマン（社畜）に変貌していく。20代の後半になると、自分の殻を破る勇気はほとんどなくなり、飲んだときに愚痴るくらいになってくる。本当に問題なのは30代だ。

「強烈な自己肯定」フェーズである。当初は生活のためと言い聞かせていたサラリーマン生活が徐々に心地よくなり、自らの人生を強烈に肯定するようになってくる。30代の後半ともなると、完璧な社畜が完成し、「最近の若いヤツは！」などと説教をするようになる。

これまでの経験と価値観が頭脳のほとんどを占め、新しい考えが入ってこない。また以前の嫌なことを都合よく忘れてしまう。たとえば同じ会社に勤め続けることは、安定でもあるが、ひとつの会社に人生のすべてを預けるという意味でリスクにもなる。だが、強烈な自己肯定期に入ってしまった頭では、会社にいることがすべてになってしまい、自分と異なる考えは排除してしまうのだ。

行動するなら早いほうがよい。40歳以上の人でも完全に諦めるのではなく、チャンスは狭まってはいても、自分が活動していたフィールドでのチャレンジを考えれば、頭の固さは経験値でカバーすることができるかもしれない。

一方、まだ20代の人は、あまり分野にはこだわらないほうがよい。お金が動く分野や業界は常に変化している。突然新しい分野が登場してくるかもしれない。進路は狭めないほうが得策だ。

お金持ちになりたければ、年配者の意見は無視しろ

年配者の意見には耳を傾けるべき、というのは一般によく言われることだが、ことお金持ちになるという点においては当てはまらない。

世の中には間違った通説や「べき論」が横行している。特にお金に関するものは嘘が多い。考えてみれば当たり前のことで、ほとんどの人がお金とは縁のない生活を送っており、お金持ちになるための努力をしないにもかかわらず、自分がお金持ちでないことに不満を持っている。「お金儲けは汚いこと」というニュアンスの話が横行するのも無理はない。さらに年齢という要素が加わると、それは始末に負えないことになる。お金に縁のない年配者の話は、もっとも参考にしてはいけないのである。

また、お金持ちになった年配者というのは、若い人に偉そうに説教したりしない。「思うがままにやればよい」としか言わないだろう。自分がそうだったので、それ以上のアドバイスなどできるわけがないのである。

年配者に話を聞くコツ

- ✓事実関係だけを聞き出す。
- ✓価値観や「べき論」に流されないように。
- ✓昔の話を全体的に聞くときは、「今との違い」ではなく「変わっていないこと」に注目して聞く。

普遍的なものを見つけるため

例）商業用不動産でのテナント募集について聞きたい。

×「昔のテナント募集はどんな状況でしたか？」

○「広告を出してから空室が埋まるまで、どのくらいの期間が必要でしたか？」

・具体的
・質問項目が絞られている

年配者に話を聞くときは「事実関係」に徹すること

ただし、年配者の話が非常に有効なこともある。昔はどうだったのかという事実関係だけは年配者に聞かなければわからないものだし、ニッチな分野の具体的な話題は本などには載っておらず、生の話を聞くしかないからだ。

年配者に話を聞くコツは、事実関係だけをうまく聞き出すことである。価値観や「べき論」に流されないよう細心の注意を払わなければならない。そのための質問の工夫を右に示したので参考にしてほしい。

Column

お金で解決できること

資産家のBさん夫婦には、大学に入ったばかりの一人娘がいる。ある日、娘さんは母親（Bさんの奥さん）に彼氏のことを相談した。彼氏は同い年のミュージシャンの卵で、バイトをしながらストリートで音楽活動をしている。お金がないので、自主制作の音源も満足に作れない。彼と将来は結婚したい。彼の夢を応援したいので、自分は大学を辞めて、アルバイトをしながら彼氏を援助するつもりだという。

奥さんはすっかり困り果て、娘の話を聞いてくれるようにBさんに頼んだ。「とにかく、頭ごなしには否定しないでね」と言ったのだが、Bさんの反応は意外にも「わかった。任せておいて」という気楽なものだった。1週間後、Bさんは娘の彼氏を家に招待し、食事をしながら聞いた。

Bさん「2人は結婚を考えているそうだけど、本当なの？」

彼　氏「……はい。ですが、まだ僕がこんな状態なので……。でも娘さんのことは本当に好きなんです」

Bさん「わかった。最終的には結婚は親が決めることじゃない。でも2人はまだ未成年だし、父親としては、相手にちゃんと生活能力があるかを見極めたいという思いがあることは理解できるだろ？」

彼　氏「はい……」

Bさん「ところで、話は変わるんだけど。君は○○音楽院って知っているよね？」

彼　氏「もちろん知っています」

○○音楽院とは、ミュージシャンを育成する世界でも有名な音楽学校だ。

Bさん「費用は全額出すから、留学してみないか？」

彼　氏「えっ……」

Bさん「いい成績を残して日本に帰ってくれれば確実にプロとして食っていける。そうなったら結婚してもいいよ。もし留学途中で気持ちが冷めたら別れればいい。たとえそうなっても、卒業するまでの費用は責任を持つから気にしなくていい。ただし条件は、留学中には娘と同棲しないことだ」

Bさんの理屈はこうだ。娘を結婚させるなら甲斐性のある奴でなければダメだ。もしチャンスを与えて成功すれば十分に資格があるのだが、それはやらせてみないとわからない。しかも、留学して遠距離恋愛をさせれば、2人の本当の関係がわかる。留学費用でこれらの方程式を一気に解決できるなら安いものだ。

実際、こうした交際がうまく実を結ぶケースは非常に稀で、時間が解決するケースがほとんどなのだが、ふつうはその時間を与えられない。Bさんはお金を使って留学という形で2人に時間をプレゼントしたのだ。彼氏はBさんの費用でアメリカに旅立った。彼が現地で日本人留学生の女の子と付き合い始めたのは半年後のことだった。

第５章

こんな行動で
お金は逃げていく

1 貧乏人とばかり付き合う

貧乏人とばかり付き合っていると自分も貧乏人になってしまう、とよく言われる。これには2つの意味がある。ひとつはメンタルな部分での悪影響、もうひとつは現実的な取引での悪影響である。

メンタルな部分での悪影響はわかりやすい。お金持ちは前向きで精力的な人が多い。これに対してお金がない人は、後ろ向きで愚痴っぽい人が多い。このような人とばかり付き合っていたのでは、自分もポジティブになれるわけがない。

それに加えて、お金がない人には、何か新しいチャンスが巡ってくる可能性が低いという現実的な問題がある。お金持ちになりたいなら、お金持ちと付き合うべきだ。

お金がない人は支払うべきお金も支払わない

では、貧乏な人と付き合う現実的な弊害は何だろうか？

印刷関係の会社を経営するQさんは当初、中小企業を主なターゲットとして顧客開拓していたが、あまり儲からず苦労していた。理由は金銭的なトラブルの多さであった。中小企業は総じて経営が苦しいところが多い。経営が苦しい会社は、基本的にまともにお金を払わないのだという。Qさんは契約面で抜かりはなく、万一本当に代金が支払われない場合には、法的措置で対抗できるよう準備はしてある。だがあまりにも未払いが多く、仕事の効率が悪いという。


ところで、Qさんの顧客はなぜ、裁判で負けるような状況であるにもかかわらず、お金を払わないのだろうか？

もちろんお金がないからなのだが、まったくないわけではない。本当にないのならとっくに倒産している。

ふつうに考えれば、支払わなければならないお金からは逃げることができないので、これを無理に引き延ばしたり、法廷での争いに持ち込むことには、ほとんどメリットがない。結局は負けて支払うはめになるからである。そんなことをするくらいなら、前向きな仕事

参りました…
取引先が支払いに
応じてくれません
Qさん 自営業
印刷関連
わかるんですか？
すごい!!
営業しやすいからって、
いまいちの中小企業
ばっかり相手に
してるんちゃうの？
あたりまえや
大企業や優良企業は
払うもんには しっかり
払うさかいな。
だって 訴えられた方が
面倒やん
でもそれは
私の取引先でも
同じこと
ですよね…
貧乏な企業はそこを
「合理的」に考えられへんのや
目の前の金のことしか
考えへんのよ
早よ
取引先変えや
自分も貧乏に
なるで〜

に時間を割いて売上を立て、経費を支払えるように努力するのが一番よい。
だが、お金がない人やお金がない会社というのは、このような合理的な考え方ができない。目の前にある支払いをなんとか少なくして、手元のお金を増やそうとする。

Qさんは結局、営業先を抜本的に見直し、大企業や高い利益を上げている中小企業に的を絞ることにした。その分、顧客開拓は難しくなったが、注文が取れてからのトラブルがほとんどないため、差し引きすると全体的な効率は上がったという。

お金を持っていない人や会社を相手にしてお金儲けをする場合には、以下のどちらかの条件をクリアしている必要がある。注意しておこう。

①トラブルのリスクを補って余りあるほど利益率が高い
②相手の数が極めて多く、販売が極めて簡単

2

「そんなこと知ってるよ」と言ってしまう

人から話を聞いたり、本で何かを読んだりしたときに「そんなこと知ってるよ」と思うことは多い。だが、「そんなこと知ってるよ」という思考回路は、自分からお金を遠ざけてしまう原因になっているかもしれない。

同じ話を何回も耳にする理由

「そんなこと知ってるよ」と思ってしまうのは、その話を何回も聞いたことがあるか、話の内容自体が陳腐だからかのどちらかである。もしかしたら両方かもしれない。だがそもそも、何回も聞いたことのあるような話が、なぜ繰り返し取り上げられるのだろうか？

その理由は2つしかない。

ひとつは、話の聞き手にとって受け入れやすい内容になっていて強いニーズがある場合。

同じ話を耳にする理由とは？

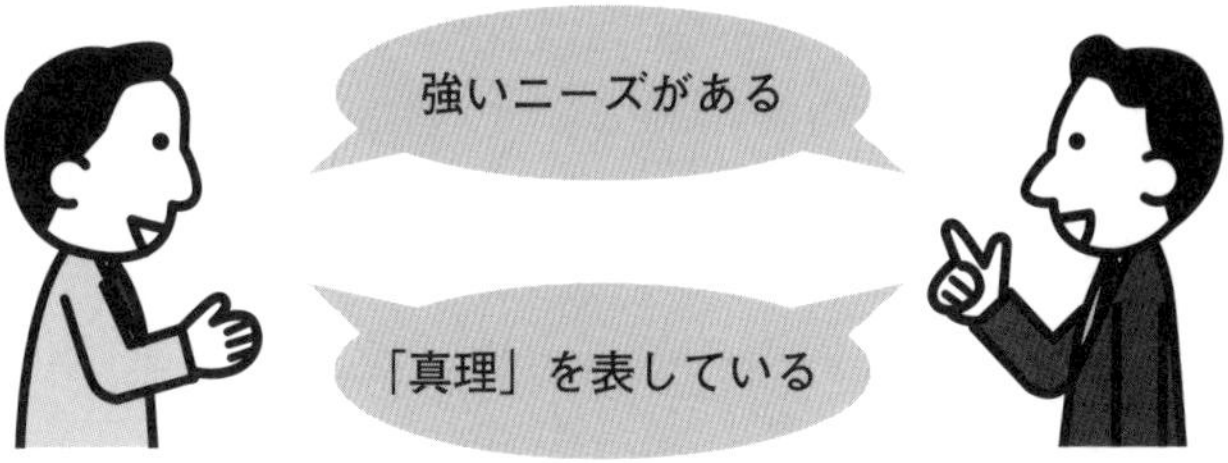

もうひとつは、その話が「真理」を表している場合である。

もし聞き手のニーズに合致している話であれば、そこには大きなマーケットが存在していることを意味している。

たとえば「社員が働きやすい会社は伸びる」といったような話がこれに相当する。社員が働きやすい会社が本当に伸びているのかどうかは不明である。ブラック企業に近い会社で好業績のところもあれば、社員の待遇はピカイチでも倒産しかかっている会社もある。だが会社員というマーケットは巨大であり、彼らをターゲットにしたビジネスはたくさん存在する。そこでは事実に関係なく、会社員の耳に心地よい情報が多用されることになる。

社員の耳に心地よい内容をちりばめたコンテンツ商品はもちろん、「社員が働きやすい会社作りをお手伝いします」というコンサルタント、よりよい職場環境を求めて転職を希望

売り上げを増やし
経費を下げなさい
キリッ
信じる者は
救われるヨ
高い
コンサル料
払って
それって…

する人のための各種サービス、働きやすい会社のイメージを作り上げる広告宣伝など、数多くの事業チャンスが存在している。「『社員が働きやすい会社は伸びる』なんて嘘っぱちだ」などと言っている場合ではないのだ。

真理をつかめば、後はやるかやらないか

聞き手の側にあまりニーズがないのに繰り返し登場する話には、かなり重要な「真理」が含まれている可能性が高い。内容が陳腐ならばなおさらである。

「利益を最大化するためには、売上を増やして、経費を少なくすればよい」といったような話がこれに相当する。売上を増やして経費

を少なくすれば、利益が最大化するのは当たり前のことであって、そのことを聞かされても誰も驚かないし、喜びもしないだろう。だがこの話が、お金持ちになるための法則として、何度も何度も登場しているのであれば、それは傾聴に値するのだ。

つまり、多くの人がこの当たり前のことをできていないのでお金持ちになれないでいる。逆に言うと、これを実現できれば、間違いなくお金持ちになれるのだ。だとすると、売上を増やして経費を少なくするというのは、どんな犠牲を払ってでも実現すべき目標だということがわかってくる。

実際にやってみると、人はいろいろな理由をつけて、この単純な法則を実現しようとしない。人間関係のしがらみ、人からよく見られたいというプライド、楽したいという怠け心など、実現を邪魔する要素は大きい。これらを思い切って断ち切ることができれば、お金持ちになれる可能性が高いにもかかわらずだ。

こういった情報はまさに「真理」そのものであり、お金持ちになれる人はこういった「真理」に関する情報を見逃さない。そして恐れることなく実行する。一方、お金持ちになれない人は、こういった情報を安易にやり過ごしてしまう。

3 ラッキーであることを否定する

お金持ちのなかには、非常にラッキーな人がいる。思いつきで始めたビジネスが大当たりするような人は少数だが存在している。このような人に対する評価はおおむね以下のようなものだろう。

「ラッキーだっただけだよ」
「どうせ偶然でしょ」

さらにはこんな声も聞こえてくる。

「努力しないで手にした成功からは何も得られない」

ラッキーな成功者を見てどう感じるか？

ラッキーだった
だけだよ
運をつかまえて
すごい
こちらのほうが
お金持ち脳を持っている

たしかにその通りなのだが、ラッキーな人に対してそのような評価を下している人は、とうていお金持ちにはなれない。それはなぜか？

対照的な2人をどう評価するか

外資系のＩＴ企業に勤めるビジネスマンたちが、半年前に辞めていった2人の同僚について話をしている。２人は同じ時期に会社を辞めて、それぞれ新しい会社を設立していた。このうちＡさんは有力なパートナーを見つけ、一気に事業が拡大しつつあった。対してＢさんの方は、資金調達に手間取り、本格的な事業を開始できないでいる。

Ａさんはその有力なパートナーを、奥さんの友人のパーティで知り合った人からたまたま紹介された。この情報を知ったときの社内の反応は対照的であった。ひとりはAさんについてこうコメントした。

「Aさんはすごいね。そんなふうにしてパートナーを見つけるなんて」

だがもうひとりは、まったく異なる反応だった。

「Bさんはがんばったのに可哀想に。Aさんはホント、ラッキーだよな」

ひとりは、Aさんが偶然に有力なパートナーを見つけ、事業化までこぎつけたことを高く評価している。ラッキーであることをプラスに評価している。これに対してもうひとりは、報われなかったBさんに同情し、Aさんがうまくいったのは単なる偶然であると切り捨てている。

がんばったご褒美を期待するのは「使われる人」の証拠

お金持ちになるには運を味方につける必要がある

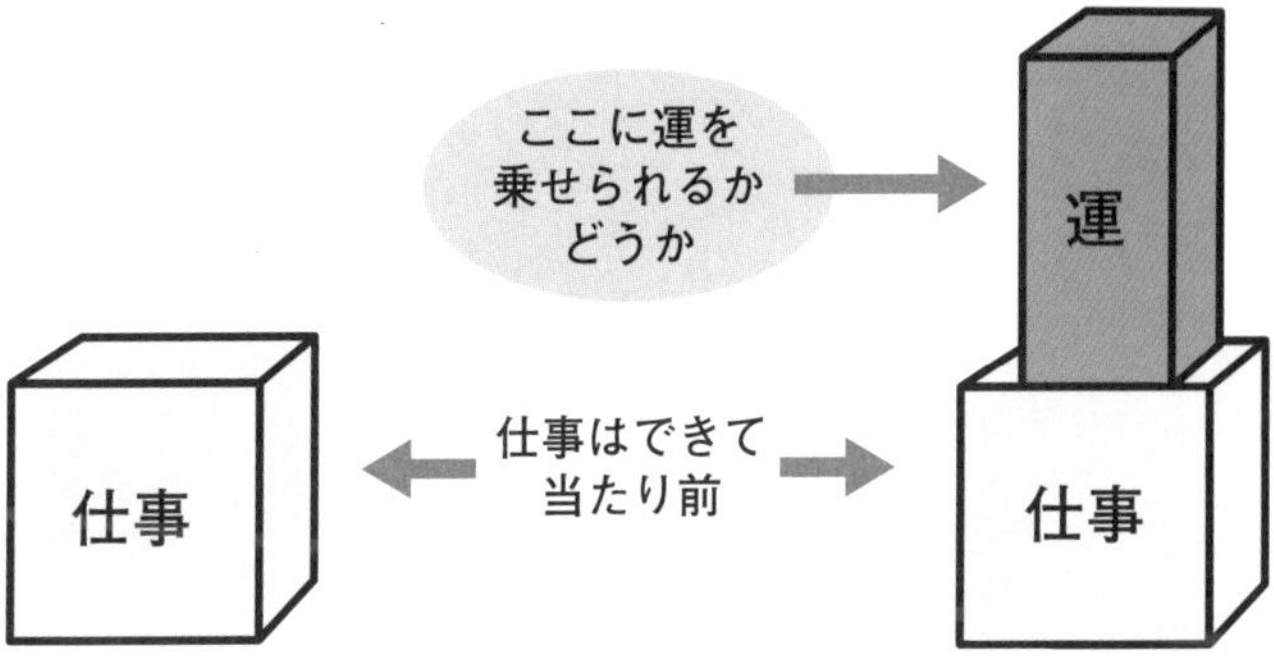
ここに運を
乗せられるか
どうか
運
仕事はできて
当たり前
仕事
仕事

お金持ちに言わせると、この会話をしているビジネスマン2人の将来には、決定的な違いが訪れる可能性が高い。Aさんの状況をプラスに評価した人には大金を稼ぐチャンスが訪れるかもしれないが、Bさんに同情した人には、あまりそのチャンスは巡ってこないだろう。

Bさんに同情した人の最大の問題は、「使われる人の発想になっている」ということである。がんばったのにうまくいかず可哀想という考え方は、がんばったらご褒美が与えられて当然という考えの裏返しである。だが、ご褒美をもらえるという考え方そのものが、人から使われる人の発想なのである。Bさんに同情してしまった人は、自覚していないが無意識のうちに、ご褒美をくれる誰かを想像しているのである。

ご褒美を期待する人は、与えられたゲームの中でしかプレイすることができない。そのような人はたとえ実業家になったとしても、平均的な水準しかお金を稼ぐことはできないだろう。しかもこのような人の多くは、自分が他力本願で、使われる人の発想を持っていることを自覚しておらず、状況はさらに複雑だ。

これに対してAさんを評価できた人は、偶然がもたらすパワーの恐ろしさをよく知っている。人と違うことをしないと大金は稼げないことや、そのためには偶然の出会いも確実にお金に変えていく貪欲さが必要だということを、皮膚感覚として理解していることになる。

お金持ちを目指す以上、仕事の能力があるのは当たり前であり、勝負はそれを超えたところで決まる。運を味方につけることができたAさんは、実業家としてのパスポートを手にした人なのである。

4 ただの消費者になっている

人は「消費者」と「投資家」に分けられる。

消費者はその名の通り、人が作ったものをお金を払って楽しむ人のことを指す。これに対して投資家は、人が喜ぶものを生み出して対価を受け取る人のことである。要するに価値のあるものを生み出す人のことだ。お金持ちになるためには、「消費者」になってはいけない。

消費者としての人生は楽しいが……

お金さえ払えば、人が作った成果を何の苦労もなく手に入れることができる。モノでもコンテンツでもサービスでも、自由に享受できる。消費者の人生は楽しいのだ。だがその分、確実に投資家の側にお金を吸い取られている。消費で得られる快感を求めて、一生懸

投資家
賢い消費者
ただの消費者
人が喜ぶものを
生み出し、
対価を受け取る
投資家の理屈を
理解しようと
努力する
お金を払って
楽しむだけ

命、嫌な仕事に耐えてお金を稼ぎ、投資家に貢ぐのである。

厳密に言うと、投資家と消費者の間には3つの段階がある。ひとつは、完全に消費のみを享受する純粋な消費者。もうひとつは、投資家の側の理屈を理解した賢い消費者。もっともお金持ちになれるのは、もっぱら投資に専念する投資家である。貢ぐ一方の純粋な消費者にならないためには、商品やサービスを提供する側の立場に立って物事を考える癖をつけることが大事である。

まずは賢い消費者を目指す

商品、サービス、コンテンツには2つの種類が存在している。ひとつは消費者に売り込むために完璧に設計されたもので、もうひとつは提供者が充実感を得るために

商品・サービス・コンテンツ２つの側面

消費者に
売り込むために
設計

提供者が
充実感を得る
ために制作

この違いに気付くことが大切

作られたものである。

　たとえば作家は多くの作品を世に出すが、確実に売るために書かれたものと、自身が書きたくて書いたものにくっきりと分かれることが多い。売るための作品は消費者の嗜好を十分に分析した上で書かれているので実際に売れるし、その作品に感動する読者もたくさんいる。だが書き手が本当に書きたいことではないので、作品としてはいまひとつなことが多い。

　ミュージシャンの楽曲にも同じようなケースがよく見られる。最初に売るための作品をリリースし、ある程度のセールスが見込めるようになってからは、自身が書きたい曲を出してくる。

　一時期ＣＭタイアップで一世を風靡した大手

レーベルでは、消費者の好むフレーズを数万種類あらかじめ用意しており、工場でモノを生産するかのごとく、アーティストの属性に合わせて、売れる曲を大量生産していた。善し悪しは別として、商品とはそういうものである。

売るために作られた作品に純粋に感動し、お金を払ってばかりいたのでは、典型的な消費者になってしまう。売れる作品はよく設計されているので、すぐに虜になってしまうが、虜になりつつも、その仕組みに気づく冷静さが必要だ。まずは賢い消費者になることが肝要なのだ。

違う目線で見る癖をつける

このような視点でモノやサービスを見る癖がついてくると、提供する側がどのような点に苦慮したかという舞台裏の姿が、おおよそ想像できるようになってくる。利益を優先するために何を犠牲にしたのか、制作者のプライドを優先してどの程度利益を減らしたのかがわかれば、半分は提供者になったようなものである。

ここまでくれば、消費者から投資家に変身することはそれほど難しいことではない。

5

人を妬《ねた》んでばかりいる

お金を儲ける力を身につけるにあたって、もっとも邪魔になるものは、妬み・ひがみの感情である。では、他人を妬む感情は何が問題なのだろうか？　もちろん道徳的な視点で「人を妬んではいけない」などと言っているわけではない。妬みの感情は自分が持っているチャンスを大幅に狭めてしまうのだ。

人を妬むと人と違うことができなくなる

お金持ちになるためには、人と違うことにチャレンジする必要がある。うまくいくとわかっていて誰にでもできるようなことなど、ふつうは存在しない。仮に存在していたとしても、皆が争って実行するので、そのチャンスはすぐに消えてなくなってしまうはずだ。

事業でも投資でも、勝つためには人がやらないことに果敢に挑むしか方法がない。このときに妬みの感情が大きいと、「人と違うこと」ができにくくなるのである。

人を妬むということは、妬む相手と同じ土俵に立っていることを意味している。それは、与えられた競争のルールを無意識に受け入れてしまっているということなのだ。


たとえば、会社で自分より早く昇進した同僚を妬んでいると仮定しよう。それは自分も同じように昇進したいということの裏返しでもある。昇進のルールは会社が作ったものであり、自分が作ったものではない。この時点ですでに、その人は会社に使われている。

相手が課長に昇進したのなら、自分は会社を作って一気に社長になってしまおう、と考えなければならない。最初のルールを根本的にひっくり返してしまうのである。人に対する妬みが大きいと、このようなところに考えが及ばない。とにかく目先のこと、昇進した相手をどう見返すかばかり考えてしまう。結果として狭い社会から抜け出せず、貧乏なまで終わる。

負けず嫌いの人も危険信号

これは、いわゆる負けず嫌いの人にも当てはまる問題である。負けず嫌いの人は、常に

課長
同期が先に課長になって…
会社のつくった土俵で勝負してること自体で負けや
ほな、違う土俵で勝負はどうや？
うらやましいです…
妬んでたら他人のつくったルールから抜け出せへんよ。お金持ちは、自分でルールを作る人やねんで
ほれぼれ…
ボクは妬むってことはないな
だって、外見もパーフェクトやし

他の誰かを意識している。他人に勝つことが重要なのである。このタイプの人は、勉強やスポーツあるいはサラリーマン生活など、競争相手やルールが決まっている世界では非常によい結果を残す。だが、お金持ちを目指す世界ではそうとは限らない。競争のルールや競争相手は、自分で作り出さなければならないからだ。野球でヒットを打ったら三塁に向かって走り、「俺は三塁打を打った！」と言い放つような人でないとダメなのだ。

実際お金持ちになった人の多くが、既存のルールを無視したり、ルールを自分で変えたりしている。学校の勉強が必ずしもお金儲けに役立たないのだとすると、理由はこのあたりにありそうだ。

Column

「割り勘君」がお金持ちになれない理由

「初デートで割り勘はOKか？」というのはよく議論になるテーマだ。お金持ちになるという観点からすると、いわゆる「割り勘君」には厳しい評価が下される。

では、初デートのときに割り勘にする人は、なぜお金持ちになれないのだろうか？　それは単純に、経済合理性に反しているからだ。男性の側からすれば、付き合いたいと本気で思うからこそデートに誘うのであって、それは絶対に失敗できない投資である。そのときに割り勘にするのは非合理的なのである。

「初デートで割り勘はNG」という考えが一部に存在していることは誰もが知っている事実である。つまり、初デートで割り勘を持ち出せば、何パーセントかの確率で相手に嫌われることが予見できる。一方、初デートで男性に「僕が払うよ」と言われて、怒る女性はいない。男性に全額負担させるのは気が引けると思っているなら、「悪いから少しはわたしが出すわ」と言うはずだ。

つまりこれは、割り勘を持ち出した場合にはババ（ジョーカー）を引く可能性が一定数あり、割り勘を持ち出さなければ失敗する確率はほぼゼロ、というゲームなのだ。合理的に考えるならば、とりあえず「僕が払う」と言ったほうがよいに決まっている。

では「割り勘君」はなぜわざわざ一定割合でババを引くような選択をするのだろうか？それは、「何が何でも割り勘にすべき」と思っているからだ。筆者も個人的には、年齢や立場の近いカップルであれば、割り勘にするほうがよいと思っている。だがそれは、初デートがうまくいって、ちゃんと付き合うようになれば、いくらでも話し合えることだ。だが割り勘君は、実質的な問題ではなく、形式的にも常に「割り勘」の形態でなければダメなのだ。このタイプの人は、仕事でも同じことになっている可能性が高い。

割り勘君はなぜそこまで割り勘にこだわるのだろうか？　心理カウンセラーによると、こういった人の心理的背景には、実はお金に対する執着があるのだという。もし相手とうまくいかなくなったら、自分が出したお金がもったいない、という心理が強く働いている。しかも「損したくない」という心理をお化粧するために、男女は平等だから割り勘にすべきだ、という「べき論」をわざわざ持ち出す。

投資とは、将来の利益のために、損するかもしれないというリスクを覚悟で今お金を投じることである。お金とは不思議なもので、お金に対して執着がありすぎるとお金持ちになれない。初デートが投資ならば、割り勘君はお金に執着しすぎて、損するかもしれないというリスクを取ることができないのだ。たしかにこれでは、投資がうまくいくはずはない。割り勘君がお金持ちになる確率が低いというのはうなずける話だ。

最終章

小金持ちでもいいから、なんとかしたい人へ

ここまでお金持ちの人たちの考え方や振る舞い、どうすればお金持ちになれるのかという心構えなどについて解説してきた。読者の皆さんはどのように感じただろうか？　「自分にもできる」と思った人もいるだろうが、「やっぱりお金持ちになるのは無理」と感じた人も多いかもしれない。

お金持ちの人たちは、ある意味で「バカ正直」であり、彼らの主張には「正論」が多い。それに対して嫌みを言うことはできても、論理的に反論するのは難しいことが多いのだ。だが、正論であることが、必ずしも共感を呼ぶとは限らない。お金持ちの人たちの言動に賛否両論があるのは、そのあたりに原因があるのかもしれない。

だが、やはり誰でもお金はほしいものである。お金持ちになることは無理でも、多少はリッチな人生を送りたいと思うのは、当然のことである。本書の最終章は、何とかして「小金持ち」になるための具体的な方法についての解説である。

1
共働きで収入を大幅に増やす

お金持ちと小金持ちでは天と地ほどの差があるが、やらなければいけないことはそう大差ない。どんなに小さな額であれ、お金の「入り」を増やすことは資産形成の基本である。もし結婚している、あるいは結婚することを考えていて、かつ小金持ちになりたいと思うのであれば、もっともてっとり早い方法は共働きでお金を稼ぐことである。

共働きすれば、世帯収入は1・5〜2倍に跳ね上がる。これは物理的に大変なインパクトである。事業や投資で「入り」を2倍にするというのは、とてつもなく大変なことだ。だが2人が職を見つけるだけで、収入を2倍にできるわけであり、考えようによってはミラクルである。

経済合理性を考え目をつぶるところはつぶる

小金持ちになるために大切なこと

お金に対する
価値観が同じ
共働きをする
夫婦仲良く
役割分担も
合理性で考える

お金持ちになることを最優先するなら、極力、経済的に合理性のある行動を取らなければならない。夫婦の役割分担も、経済的合理性を基準に思い切った判断をする必要がある。

　仕事以外に収入の方法がない段階では、夫婦の給料が唯一の収入源ということになる。したがって、まずはこれを中心にすべての物事について考える必要がある。２人とも仕事が忙しく、家事に費やす時間がなかなか取れないと仮定する。ふつうは、どちらか、もしくは２人が何とか時間をやりくりするという解決策になる。だが、何としてでも小金持ちになりたいというのであれば、それではダメだ。

どうすればよいのか？　それは、「家事をやらない」という選択肢を真剣に検討することだ。収入を最大化するという観点に立ったときに、どの程度まで家事を犠牲にできるかは、真剣に検討する必要がある。整頓はそれなりでもいいとあきらめる。下手な自炊はコストや時間がかかる。究極的に時間とお金がかからない生活の仕方を考えるのだ。多少の犠牲を厭わず何かに集中するという体験をすると、これまでの生活がいかに惰性に支配されてきたかがわかるようになる。この経験は、後で必ず生きてくるはずだ。

夫婦仲が良いことは必須

もうひとつ重要なことは夫婦仲である。既婚者でお金持ちになれる人は夫婦仲が良いケースが多い。同じお金を稼ぐのであれば、１人で取り組むよりも、夫婦で協力し合ったほうが何倍も効率がよい。また一緒に取り組んでいなくても、お互いがいざというときの助けになる関係であれば、リスクをかなり減らすことができるのだ。

音楽の趣味や食べ物の好みなどが違っていても、それが夫婦生活の大きな支障になることはあまりない。だが基本的な価値観が異なっていると、その他の嗜好がどれだけ似通っていても、夫婦生活をうまく続けるのは難しくなる。お金は命の次に大事なものであることを考えると、夫婦間でお金に関する価値観をどれだけ共有することができるかは、結婚における重要なカギのひとつと言えるだろう。

2人とも「お金を稼ぐことはいいことだ」と思っているのであれば、金銭的な価値観は完全に一致している。そうであれば、2人で協力してお金持ちになる努力をしたほうが合理的である。実際、夫婦でビジネスを興して資産家の仲間入りを果たした例や、夫婦で不動産投資を行っている例はたくさんある。

夫婦でビジネス（あるいは投資）と聞いて、「四六時中一緒でストレスが溜まらないだろうか？」と考えた人がいれば、その人は要注意だ。お金持ちの思考回路からすでに遠ざかってしまっている可能性が高い。そもそも夫婦が別々に行動するのはサラリーマン家庭だけであって、農家や店をやっている人にとっては、夫婦が一日中一緒にいるのは当たり前であり、お金に関する夫婦の会話も日常的なものだ。

なお、独身の人は次項からの支出、サイドビジネスを検討してほしい。

2
小金持ちを目指すなら車は買うな

収入を増やす努力をしても、支出が増えては意味がない。小金持ちになるには、当然、支出を減らす努力も必要だ。

ここでも重要となるのは、合理的な思考回路である。同じ10％の支出削減でも、1万円の10％と10万円の10％では、天と地ほど違う。なるべく安い野菜を探してスーパーをはしごしても、支出全体にはほとんど影響を与えない。支出を減らすには、金額の大きいものを狙い撃ちする以外に方法はないのだ。

自動車は「必要」ではない

人生の三大出費は、住宅、自動車、保険である。ズバリ言うと、これら3つ以外に支出を減らす方法はないと考えてよい。特に効果が大きいのが自動車である。

自動車は、「必要」ではなく「ほしい」という動機で買う人がとても多い。だが、これは大変な金喰い虫だ。本体の購入費用はもちろん、都市部では駐車場代、各種税金、ガソリン代、保険料、車検費用など、所有しているだけで様々なコストがかかる。必要なときにタクシーやハイヤーを調達したり、レンタカーを利用したりしたほうが、金額的には圧倒的に安い。それでも多くの人が車を購入するのは、ただそれが「ほしい」からである。

実は、こんなことを書いていながら筆者は昔から車が大好きで、免許を取って以来ずっと車を持っていた。都心部に引っ越したことをきっかけに、自動車の所有を思い切ってやめることにしたのだが、これには相当な心理的抵抗があった。それほどまでに車の魅力は大きい。

車が無駄という議論をすると必ず出てくる反論が、郊外の家

セダン維持費の例（1年）

自動車税	¥40,000
1年当たり自動車重量税	¥30,000
1年当たり自賠責保険料	¥13,000
自動車保険料	¥95,000
車検費用	¥13,000
ガソリン代	¥120,000
駐車場代	¥180,000
オイル交換代	¥10,000
タイヤ代	¥24,000
高速料金	¥30,000
年間維持費	¥555,000

車両代は含まれていない！

では、自家用車がないと買い物に行くのも不便だというものである。勘のよい読者ならピンときているかもしれないが、これは、新築住宅の購買行動と密接に関係している構図なのである。

たしかに、農業が主体となっているような地域では、自家用車は必須かもしれない。だが、首都圏や地方都市の郊外の団地などは、これにあてはまらない。そもそも郊外の団地というのは経済的合理性を無視して作られている存在なのだ。

日本人の多くは中古住宅を好まない。それは新築が「ほしい」からだ。だが地理的に有利な場所には、すでに住宅やマンションが建ってしまっている。「ほしくなるような」新築を手に入れるためには、電車で何時間もかけて通勤するような場所を選ぶしかない。

結果として、中心地から遠いところに大量の新築住宅が供給されることになる。当然、交通インフラはあまり整備されておらず、スーパーに行くにも車を使わなければならない。かくして自動車は、「ほしい」商品であるにもかかわらず、「必要な」商品に偽装されるのである。このようにして日本では、新築住宅と自動車という「超」高額商品がバンバン売れる構図ができあがっているのだ。

3
小金持ちを目指すなら新築住宅は買うな

家の購入を考えているなら、これをどう判断するのかで、支出削減の勝敗はほぼ決まる。日本では圧倒的に中古よりも新築物件が人気である。このため、中古物件と新築物件との価格差は異常なほど大きい。掘り出し物の中古物件を見つけられれば、1000万単位で得をすることさえある。

問題なのは新築を購入する理由である。そのほとんどが「新築物件がほしい」からであって、「新築物件が必要」なのではない。

こう書くと「中古物件は耐用年数を考えると厳しい。新築のほうが長く住める」という反論が出てくる。だが、これもおかしな話だ。新築の物件Aと築10年の物件Bとでは、20年後には物件Aだけが住めて、物件Bは住めなくなるのだろうか？　そんなことはない。管理が良好な物件なら、35年経っても問題なく住めるはずである。これは、いい物件を選

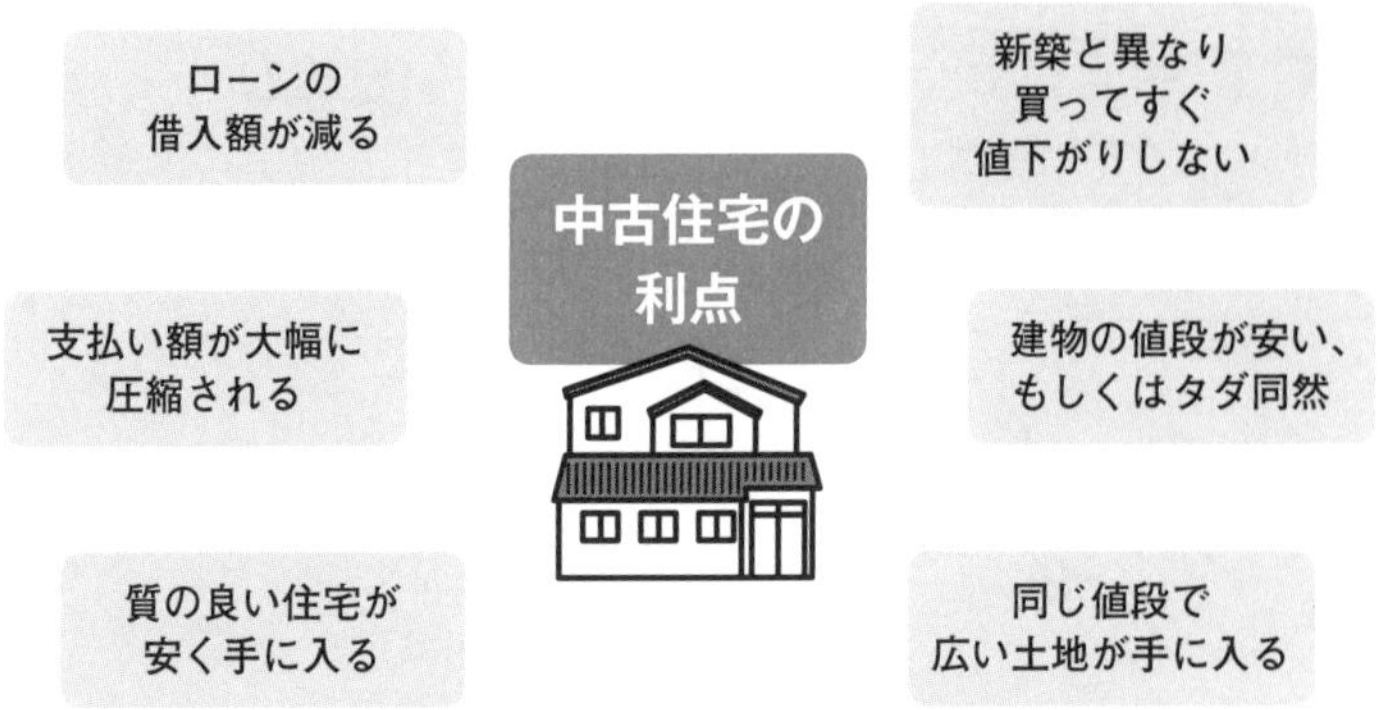
中古住宅の
利点
ローンの
借入額が減る
新築と異なり
買ってすぐ
値下がりしない
支払い額が大幅に
圧縮される
建物の値段が安い、
もしくはタダ同然
質の良い住宅が
安く手に入る
同じ値段で
広い土地が手に入る

ぶかダメ物件を選ぶかの違いであって、新築か中古かという話ではないのだ。もし管理が良好で持ちがよい物件を選ぶ自信がないので、とりあえず新築と言うなら、そもそも買わないほうがよい。住宅は人生最大の買い物である。先が読めないものを勢いで買ってしまうなど、危険極まりない行為だ。

賃貸派・持ち家派という概念は、そもそも存在しない

賃貸か持ち家かという議論も出てくる。経済合理性で考えるなら、この分類はナンセンスである。経済状況に応じて、賃貸のほうが得な場合と、持ち家が得な場合が存在しているだけだ。

住宅をローンで買う行為は、住宅という資産を、借金

× 手元にお金がないから、ローンを組む

○ 経済状況の予測に基づいて
ローンを組むかを決める

- 将来インフレになり、住宅の資産価値が上がると考えるなら → ローンを組んででも、手に入れておく
- 将来デフレになり、住宅の資産価値が下がると考えるなら → 賃貸が合理的

をして購入することである。借金とは、金利という経費を支払ってお金を銀行などから融通してもらうことを指す。

そもそも借金は何のためか？　借金とは基本的に、手元により多くの現金を置いておくために行うものである。借金をすると、その間に利子さえ支払っていれば、支払いを後に延期することができる。

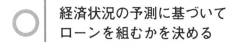

現在よりも将来のほうが物価が上がって実質的な借入金額が減る見込みがあり、その減少分が金利支出をはるかに上回ると判断できるのであれば、借金をしたほうが得になる。また物価水準が同じであっても、借金をすることで手元に確保した資金が、より多くのお金を生み出す可能性があるならば、やはり借金したほうが得ということになる。

つまり、ローンが得になるのか損になるのかは、ひとえに経済状況の予測にかかっている。取得する不動産の資産価値が上昇すると思えば（インフレになると思えば）、少々無理をしてでも物件を購入したほうが得をする。逆に、将来資産価値が下がると思えば（デフレになると思えば）、賃貸を選んだほうがよい。とにかく家がほしいが、お金がないのでローンを組む、という無計画な行為が危険なのだ。

4 サイドビジネスで収入を増やす

現在の仕事で収入を増やすことが困難な場合や、そもそもギリギリの生活なので文出削減にも限度がある場合には、サイドビジネスを検討する必要がある。重要なのは、あくまでサイドビジネスなので、過剰な負担やリスクを負ってはいけないという点である。

いつでもスタートできる軍資金を持つ

サイドビジネスはその名の通り副業であり、本業ではない。本業の収入にわずかなプラスアルファがあればよいのなら、無理のない範囲で継続していけばよいだろう。だが、もう少し大きな収入を狙うのであれば、ある程度まとまった資金を使って本格的に活動することが必要となってくる。

事業をするにしても、投資をするにしても、結局のところ、お金儲けとは、元手となる

どのくらいの準備金が必要？
店舗を作る
デリバリー店舗、オフィスを構える
投資
1,000万円
300万円
100万円

資金をどのようにして増やすかというゲームであり、そのゲームを有利に進めるためには、どうしても最初の軍資金が必要なのだ。収入の増加にある程度めどが立ったら、次は、まとまった軍資金を作ることを目標にすべきである。

では、その軍資金はどの程度あればよいのだろうか？　もちろんその額は、将来的に取り組もうと思っているものによって異なる。

まずは３００万円を目標にする

リアルに店舗を作ってビジネスをすることを想定しているのであれば、最低でも１０００万円くらいはかかることが多い。だが、コロナ以降、デリバリーのビジネスが急拡大しており、店舗なしで営業するケース

サイドビジネスもろもろ	特徴
夜間や休日のアルバイト	やり過ぎは過労の原因になるので、期間と貯める金額を決めてからはじめるのがコツ。
オークションサイトやＥＣサイト	時間の制約やリスクが少なく、お金もかからないため、サイドビジネスへの第一歩としてちょうどいい。最近では円安の進行を受けて、米アマゾンなどで日本の商品を販売する人も増えている。
ブログで月10万円稼ぐ	文章を書くのが得意であれば、ブログを運営して広告収入を得る、という方法もある。一般的なクリック課金型広告で月10万円を稼ぐには30万～50万PVが必要（筆者推定）。 ちなみに、世の中に存在しているブログの８割以上が、月5000PV以下と言われているため、かなりの有名サイトになる必要がある。
クラウドソーシングを使って技能を生かす	プログラミングやデザイン、資料作成など、ちょっとした技能がある人の場合には、クラウドソーシングを使って仕事が受注できる。プログラミングやデータ入力といった仕事が多いが、キャッチコピーの作成やマーケティング、コンサルティングといった分野もある。 仕事の条件などが柔軟なことも多いが、そのあたりは価格面に反映されており、単価が安いことは覚悟しなければならない。

が増えている。店舗を持たなければ初期投資は圧倒的に低く抑えられるはずだ。オフィスを構えてビジネスをする場合、３００万円くらいあれば何とかなるが、半年の間にうまく立ち上がらないと金欠となってしまう。今はシェアオフィスなどのサービスがあるので、オフィスのコストはギリギリまで抑えるのが基本戦略といってよい。

投資はどうだろうか？　世の中には10万円を1億円に増やした猛者もいるかもしれないが、投資の効果が出てくるのは、やはり最低でも100万円からである。アパートなど収益不動産に投資するためには、1000万円程度は必要になる。

総合的に考えると、理想的には、やはり1000万円という金額を目標にするのが望ましい。もしそれが難しいようなら、とりあえずは300万円だ。300万円あれば、どのようなビジネス形態であれ、投資形態であれ、最低限のスタートを切ることができる。

いつでもスタートできる軍資金を持っていることの安心感は大きい。チャンスはいつやってくるかわからないからだ。

将来的に何をするのかはともかく、いつでも動ける態勢を作っておくという意味で、まずは300万円。試行錯誤して300万円を作れた暁には、お金に関する意識がかなり変わっているはずだ。それだけでも成果は大きいと言える。

加谷珪一（かや・けいいち）
経済評論家。仙台市生まれ。1993年東北大学工学部原子核工学科卒業後、日経BP社に記者として入社。野村證券グループの投資ファンド運用会社に転じ、企業評価や投資業務を担当。2000年に独立後は、中央省庁や政府系金融機関などに対するコンサルティング業務に従事。現在は、「ニューズウィーク日本版」や「現代ビジネス」など多くの媒体で連載を持つほか、テレビやラジオで解説者やコメンテーターを務める。主な著書に、『お金持ちの教科書』シリーズ、『ポスト新産業革命』（以上ＣＣＣメディアハウス）、『お金で絶対に苦労しない方法を教えてください！』（プレジデント社）、『億万長者への道は経済学に書いてある』（クロスメディア・パブリッシング）、『感じる経済学』（SBクリエイティブ）、『日本は小国になるが、それは絶望ではない』（KADOKAWA）、『中国経済の属国ニッポン』『貧乏国ニッポン』（幻冬舎新書）、『戦争と経済の本質』（総合法令出版）などがある。

150人のお金持ちから聞いた
一生困らない お金の習慣

2021年11月6日　初版発行

著　者　加谷珪一
発行者　菅沼博道
発行所　株式会社ＣＣＣメディアハウス
〒141-8205　東京都品川区上大崎3丁目1番1号
電話　03-5436-5721（販売）
03-5436-5735（編集）
http://books.cccmh.co.jp

印刷・製本　豊国印刷株式会社

ISBN978-4-484-21233-3

＊本書は、2015年6月に刊行された『図解 お金持ちの教科書』を再編集したものです。